HEIDELBERGER AKADEMISCHE BIBLIOTHEK 5

Im Auftrag der
Heidelberger Akademie der Wissenschaften
herausgegeben von
Peter Graf Kielmansegg und
Bernhard Zimmermann

Dieter Langewiesche

Vom vielstaatlichen Reich zum föderativen Bundesstaat

Eine andere deutsche Geschichte

ALFRED KRÖNER VERLAG STUTTGART

Dieter Langewiesche
Vom vielstaatlichen Reich zum föderativen Bundesstaat
Eine andere deutsche Geschichte
1. Auflage
Stuttgart: Kröner 2020
(Heidelberger Akademische Bibliothek: Band 5)
ISBN Druck: 978-3-520-90005-0
ISBN E-Book: 978-3-520-90095-1

Klimaneutral
Druckprodukt
ClimatePartner.com/12514-2109-1010

Gesamtherstellung: Friedrich Pustet Regensburg

Inhalt

Vorbemerkung der Herausgeber VII

Vorwort 1

1. **Der Nationalstaat als das Ziel deutscher Geschichte? Zur Revision gängiger Nationalerzählungen in europäischer Perspektive** 5

Deutsch-europäische Geschichtsbrüche zwischen 1806 und 1990 8

Föderative Traditionen überbrücken staatliche Umbrüche 21

2. **Reich – Mehrstaatlichkeit – Föderalismus. Grundmuster deutscher Geschichte seit dem Mittelalter bis 1871** 23

Die Anfänge 23

Was war das Reich? 25

Zum Föderalismus des Alten Reiches 28

Der Deutsche Bund – entwicklungsoffen, föderativ, mehrstaatlich 34

3. **Einheit der deutschen Nation: Konzepte des 19. Jahrhunderts** 44

Revolution 1848/49 – föderativer Nationalstaat, deutsche Staatsnation, das Problem Österreich . . 44

Reichsnation und Föderativnation, Staatsformen, Nation als Herrschaftsverdichtung 52

Großherzogtum Sachsen-Weimar-Eisenach – der Kleinstaat in der deutschen Föderativgeschichte und der inneren Nationsbildung seit dem Ende des Alten Reiches 59

4. **Nation und Nationalstaat seit 1871** 73

Entstehung des Nationalstaates 1866–71: unwahrscheinlich – kontingent – alternativlos? . . 73

Die vielen Gesichter des Föderalismus seit dem Kaiserreich 78
Integration und Ungleichheiten durch Föderalismus 79
Integration durch Konflikt 87
Föderalismus als Parlamentarisierungsbarriere 95

5. Ausblicke 103

Literaturverzeichnis 109

Vorbemerkung der Herausgeber

Mit der *Heidelberger Akademischen Bibliothek* möchte die Heidelberger Akademie der Wissenschaften ein Forum schaffen, auf dem die Mitglieder der Akademie sich auf eine neue Weise der interessierten Öffentlichkeit vorstellen können. Schon immer haben sich die Akademien der Wissenschaften durch die Publikation der in den Klassensitzungen gehaltenen Vorträge an die Öffentlichkeit gewandt. Aber diese Berichte haben aus vielen Gründen nicht mehr die Bedeutung, die sie einmal hatten. Die Heidelberger Akademie der Wissenschaften stellt ihnen deshalb eine neue Schriftenreihe zur Seite. In der *Heidelberger Akademischen Bibliothek* soll der Idee nach möglichst jedes Akademiemitglied ein für seine Forschungsarbeit charakteristisches Thema in einem wissenschaftlichen Essay so abhandeln, dass die jeweilige Fachwissenschaft davon Notiz zu nehmen Anlass hat, zugleich aber auch eine weitere Öffentlichkeit angesprochen wird. Jedes Mitglied soll, das ist der Gedanke, hier eine wissenschaftliche Visitenkarte abgeben. Und in der Summe der Beiträge soll der Kosmos der Wissenschaften so, wie er in der Heidelberger Akademie der Wissenschaften präsent ist, sichtbar werden, mit der ganzen Vielfalt von Themen, Fragestellungen, Methoden.

Die Heidelberger Akademie der Wissenschaften ist, im Unterschied zu anderen Akademien, noch immer in nur zwei Klassen gegliedert – die mathematisch-naturwissenschaftliche, die die Technikwissenschaften einschließt, und die philosophisch-historische, zu der auch die Sozialwissenschaften gehören. Es sind ganz überwiegend die in der philosophisch-historischen Klasse vertretenen Fächer, die das Buch noch als unverzichtbares Medium und den Essay als eine der Formen wissenschaftlichen Publizierens ansehen. Das spiegelt sich auch in der *Heidelberger Akademischen Bibliothek* wider. Die mathematisch-naturwissenschaftliche

Klasse, für deren Fächer inzwischen ganz andere Regeln des Publizierens gelten, wird nicht flächendeckend, wohl aber durch einzelne ihrer Mitglieder in der *Heidelberger Akademischen Bibliothek* präsent sein. Die philosophisch-historische Klasse umfasst aber schon für sich eine solche Fächervielfalt, dass sie einen eigenen Wissenschaftskosmos darstellt.

Wissenschaft und Öffentlichkeit – das ist keine einfache Beziehung, schon gar nicht in Zeiten, in denen die Wissenschaft sich dem Verständnis derer, die nicht selbst als Wissenschaftler tätig sind, immer stärker entzieht; in Zeiten zudem, in denen zugleich der Erwartungsdruck auf die Wissenschaft und das Misstrauen gegenüber der Wissenschaft wachsen. In der *Heidelberger Akademischen Bibliothek* werden vornehmlich die Wissenschaften zu Worte kommen, die sich in besonderer Weise der Frage nach ihrer ›Nützlichkeit‹ ausgesetzt sehen. Die *Heidelberger Akademische Bibliothek* hofft, einen bescheidenen Beitrag dazu leisten zu können, dass sichtbar bleibt, warum wir den Kosmos der Wissenschaften in seiner ganzen Vielfalt und Weite brauchen.

Peter Graf Kielmansegg *Bernhard Zimmermann*

Vorwort

»Am Anfang war Napoleon« – »Im Anfang steht keine Revolution« – »Im Anfang war das Reich«: So lassen Thomas Nipperdey, Hans-Ulrich Wehler und Heinrich August Winkler ihre monumentalen Werke zur jüngeren deutschen Geschichte anheben. Sie schauen aus unterschiedlichen Perspektiven in die Vergangenheit, doch bei allen läuft sie auf den deutschen Nationalstaat zu. Er brach mit einem Reich, das bis in die Anfänge der Deutschen zurückführt. Erst mit seinem Ende habe sich die deutsche Geschichte in den europäischen »Normalweg« eingefädelt, die »verspätete Nation« ist zum Nationalstaat geworden.

In dieser »Meistererzählung« wird die Geschichtskraft, die das Alte Reich über sein Ende hinaus auf dem Weg in die nationalstaatliche »Normalität« entfaltete, in aller Regel negativ bewertet. Das Reichserbe gilt als historische Bürde, wird gar als Faden des Verhängnisses begriffen, der sich durch die deutsche Nationalgeschichte des 19. und 20. Jahrhunderts ziehe. Dieses Geschichtserbe habe es den Deutschen schwer gemacht, sich als Nation im Gehäuse eines Nationalstaates einzurichten, um so Kulturnation und Staatsnation zur Deckung zu bringen. Das Alte Reich erscheint als eine Vorgeschichte, die belastet, weil sie nicht gründlich genug überwunden worden sei: Keine Revolution, nur Napoleon; das Reich geht unter, aber es lebt fort als ein gefährlicher Mythenkäfig, der lange daran gehindert habe, sich zur nationalstaatlichen Demokratie zu bekennen.

Dieses schmale Buch erzählt eine andere Geschichte: Die Geschichte des Alten Reichs wird bis in seine mittelalterlichen Anfänge zurückverfolgt, um zu erkennen, welche Formen von Staatlichkeit sich entwickelt haben. Das Alte Reich war ein komplexes Gebilde – mehrstaatlich und doch durch Reichsinstitutionen miteinander verbunden, in seiner Staatlichkeit entwicklungsoffen, nicht aber offen für einen einheitlichen Staat, europäisch verflochten und doch ein Gehäuse, in dem die Vorstellung entstand, einer gemeinsamen deutschen Nation anzugehören. Man verstand sich als Föderativnation, in der nationale Einigkeit nicht nationalstaatliche Einheit bedeutete – eine gemeinsame Nation, verteilt auf mehrere Staaten unter dem Dach eines föderativen Verbandes, der sich ›Reich‹ nannte.

Als das Alte Reich endete, erlosch dieses föderativnationale Bewußtsein nicht. Die alte Tradition der Vielstaatlichkeit wurde nun neu gestaltet. Die meisten der Kleinen mußten sich den Größeren einfügen, die Überlebenden wurden erneut durch einen Staatenverbund überwölbt, der weiterhin europäisch verflochten war. Erst die Revolution 1848/49 suchte diese Tradition zu beenden, indem sie den mehrstaatlichen Verbund in einen föderativen Nationalstaat überführte. Als die Revolution scheiterte, scheiterte auch dieser erste deutsche Nationalstaat. Dauerhaft entstand er 1871, allerdings anders, als ihn die Paulskirche geplant hatte.

Der Nationalstaat war ein Geschichtsbruch. So haben es auch die Zeitgenossen gesehen, sei es beglückt oder in Trauer. Warum haben sie ihn so gegensätzlich eingeschätzt? Wie hat die Reichstradition, die über Jahrhunderte das Staatsverständnis der Deutschen und ihr Geschichtsbild geprägt hat, an dem nationalstaatlichen Neubau mitgewirkt? Diese Fragen stehen im Zentrum der deutschen Geschichte, wie sie hier erzählt wird. Sie stellt das Alte Reich und seinen Nachfolger, den Deutschen Bund, nicht in den Zukunftsschatten des Nationalstaates und sieht keinen geschichtsnotwendigen Weg vom einen zum anderen. Es hätte auch anders kommen können. Doch dass es so kam, hat Gründe.

Die Reichstradition war institutionell und lebensweltlich stark genug, um selbst den Geschichtsbruch in Gestalt des Nationalstaates zutiefst zu prägen. Der Neubau geschah mit dem Material, das die Geschichte bereitstellte.

Aus der Mehrstaatlichkeit im Staatenverbund ging eine besondere Form von föderativem Nationalstaat hervor. Diese Geschichte von den Anfängen bis zum Ende des Kaiserreichs steht im Mittelpunkt. Der weitere Wandel des Bundesstaates bis in die Gegenwart tritt dahinter zurück. Der Föderalismus veränderte sich erneut, doch das föderative Grundmuster der deutschen Geschichte blieb erhalten. Dieses Grundmuster nahm den Nationalstaat auf, es war nicht auf ihn ausgerichtet. Es ist ein anderer Blick auf die deutsche Geschichte, nicht der nationalstaatlichen Meistererzählung folgend.

Wer einen Zeitraum von vielen Jahrhunderten auf knappem Raum überblicken will, ist auf kundige Hilfe angewiesen. Horst Carl und Bernd Schneidmüller, Heinz-Gerhard Haupt und Friedrich Lenger gaben sie mir. Herzlichen Dank!

Tübingen, November 2019

1. Der Nationalstaat als das Ziel deutscher Geschichte? Zur Revision gängiger Nationalerzählungen in europäischer Perspektive

> Wodurch hat man die Gnade Gottes verdient, so große und mächtige Dinge erleben zu dürfen? Und wie wird man nachher leben? […] Woher soll man in meinen Lebensjahren noch einen neuen Inhalt für das weitere Leben nehmen?

Für Heinrich von Sybel, der dies einem Historikerkollegen schrieb, war mit dem kleindeutschen Nationalstaat ohne Österreich sein Lebenstraum wahr geworden. Aus der Geschichte leitete er Preußens Mission ab, Deutschland nationalstaatlich zu einen.[1] Diesen Geschichtsauftrag sah er nun erfüllt. Viele mögen so empfunden haben, als 1871 der deutsche Nationalstaat ins Leben trat. Allerdings bei weitem nicht alle; im nicht-preußischen Deutschland nur eine Minderheit.

Um diesen Nationalstaat als die Erfüllung der deutschen Geschichte auszuweisen, mußte man deren Lauf durch die Jahrhunderte rigoros verengen. Die Vergangenheit wurde geschichtspolitisch kanalisiert, damit sie auf dieses Ziel zulief. Die Wirkmacht dieses Geschichtsbildes läßt noch die Präambel zum Grundgesetz der Bundesrepublik Deutschland von 1949 erkennen: »Das gesamte Deutsche Volk bleibt aufgefordert, in freier Selbstbestimmung die Einheit und Freiheit Deutschlands zu vollenden.« Welche Einheit der Deutschen als Volk konnte gemeint sein? Das Bundesverfassungsgericht bezog sie auf die beiden deutschen Nachkriegsstaaten, als es 1956 seinem KPD-Urteil ein

1 *Deutscher Liberalismus im Zeitalter Bismarcks. Eine politische Briefsammlung*, I. Bd., hg. v. J. Heyderhoff, Bonn 1925, S. 494.

»Wiedervereinigungsgebot« des Grundgesetzes zugrunde legte. Doch die nationalstaatliche Einheit, die hier als Verfassungsgebot ausgelegt wurde, hatte nur ein Dreivierteljahrhundert überdauert: 1871 bis 1945, ein Wimpernschlag in der langen Geschichte der Deutschen, ihrer Staaten und ihrer Nation. Selbst in dieser kurzen Zeit lebten die Deutschen bis 1938 zweistaatlich, wenn man die Geschichte ihrer Staatenverbünde – das Reich seit dem Mittelalter und dann der Deutsche Bund (Kap. 2) – als Maßstab nähme und somit Österreich zu den deutschen Staaten zählte. Viele Menschen taten das auch dann noch, als 1866 der Deutsche Bund im innerdeutschen Krieg unterging, der Norddeutsche Bund unter Hegemonie des vergrößerten Preußen entstand und 1871 der kleindeutsche Nationalstaat aus dem Krieg mit Frankreich hervorging. Österreich gehörte diesem Staat nicht an, doch für viele schied die alte deutsche Kaisermacht damit nicht aus der deutschen Nation aus. Diese hatte auch in der Vergangenheit stets aus mehreren Staaten bestanden. Deshalb galt es nicht als illoyal gegenüber dem Nationalstaat, wenn gesellschaftliche Vereine wie Sänger, Turner oder studentische Verbindungen sich weiterhin national im Sinne von gesamtdeutsch organisierten. Das bedeutete damals – unter Einschluß Österreichs.

Die deutsche Nation nicht an den Grenzen ihres Nationalstaates enden zu lassen, konnte nach 1871 die Hoffnung auf territoriale Expansion ausdrücken, mußte es aber nicht. Wer die »nördlichste deutsche Universität« im damals russischen Dorpat und die südlichste in der Hauptstadt der Schweiz verortete, wie es 1883 der Rektor der Ludwig-Maximilians-Universität München tat, warb nicht für einen größeren deutschen Staat auf Kosten seiner Nachbarn, sondern dachte kulturnational.[2] *Deutsch* und *deutsche Na-*

2 W.H. von Riehl: *Die Heimat der Universität*, München 1883, S. 20.

tion konnten weiterhin überstaatlich verstanden werden. Dann deckten sich die kulturnationalen Räume nicht mit den Grenzen des deutschen Staates.

Es gab damals drei Vorstellungen von Deutschen über ihre Nation. Sie unterschieden sich markant, konkurrierten untereinander, mußten sich aber nicht wechselseitig ausschließen. Der kleindeutsche Nationalstaat vereinte erstmals in der langen Geschichte der Deutschen eine deutsche Staatsnation. Sich in sie einzuleben, war ein vielfältiger gesellschaftlicher Prozeß (Kap. 4). Deutsches Reich – der offizielle Name dieses Nationalstaates, der mit der mittelalterlichen und frühneuzeitlichen Reichstradition brach, hielt die geschichtliche Erinnerung an die vielstaatliche Reichsnation wach. Sie lebte vor allem in großdeutsch organisierten politisch-kulturellen Vereinen fort, aber auch in der Literatur, im Theater oder in den Berufswegen von Professoren. Seit dem letzten Drittel des 19. Jahrhunderts kamen Organisationen wie der Ostmarkenverein hinzu, die der Staatsnation programmatisch eine völkisch-nationale Sicht entgegenstellten. Sie konnte historisch-kulturell, ethnisch und zunehmend rassisch begründet werden. Da sie über den Raum der Staatsnation hinausgriff, war sie auf Expansion ausgerichtet, schloß sie zumindest nicht aus. Doch solange die Habsburgermonarchie existierte, hatten die Völkischen in Deutschland wie in Österreich keine Chance, ihre Vorstellungen in Regierungspolitik umzusetzen. Auch in der Gesellschaft stellten sie nur eine Minderheit. Allerdings eine lautstarke und dicht organisierte. Eine dritte Sicht auf die Nation war die kulturnationale. Sie bezog sich auf den deutschen Sprach- und Kulturraum und war nicht darauf angelegt, in eine staatliche Gestalt überführt zu werden. Doch auch sie konnte genutzt werden, um völkische Expansionsprogramme kulturell oder auch rassebiologisch zu unterfüttern.

Wo liegt Deutschland, wo verlaufen seine Grenzen? Diese Frage läßt keine zeitenübergreifende einheitliche Antwort zu (Kap. 2), denn zu den Hauptmerkmalen deutscher Geschichte gehörten bis ins 19. Jahrhundert hinein die Verflechtungen mit nichtdeutschen Staaten und bis ins späte 20. Jahrhundert die tiefen politischen Brüche, die stets mit erheblichen territorialen Veränderungen einhergingen.[3] Noch der Deutsche Bund umfaßte (zeitweise) Territorien, die in Personalunion mit den Monarchien der Niederlande (Herzogtum Limburg, Großherzogtum Luxemburg), Dänemarks (Herzogtümer Holstein, Lauenburg) und Großbritanniens (Königreich Hannover) verbunden waren. Weitaus stärker war das Alte Reich ein europäisches Gebilde gewesen. Territorial blieb es in Bewegung. Einem engeren Raum, für den sich die Bezeichnung ›Deutschland‹ durchsetzte und dessen Organisationsform man im 17. und 18. Jahrhundert als ›Reichs-Staat‹ bezeichnen konnte, schlossen sich Zonen an, zu denen die alten lehnsrechtlichen Verbindungen, auf denen das Reich beruhte, abbrachen oder in Kriegen gesprengt wurden. Doch im politischen Denken überdauerte lange die Vorstellung vom europäisch-deutschen Reichslehnsverband, und auch machtpolitisch konnte sie weiterhin eine Rolle spielen. Das wird im Kapitel 2 dargelegt.

Deutsch-europäische Geschichtsbrüche zwischen 1806 und 1990

Als das Alte Reich, dessen Staatlichkeit bis heute kontrovers eingeschätzt wird, 1806 endete, bedeutete dies einen der tiefsten Einschnitte in der jüngeren deutschen und

3 Einen Überblick bietet Demandt ^{2}1991.

auch der europäischen Geschichte.[4] Aus ihm ging eine gänzlich veränderte deutsche Staatenwelt hervor. Diese territoriale Revolution als geschichtsnotwendig auszuweisen, erfordert ein drastisches Umschreiben der Geschichte. Das Reich und dessen untergegangene Glieder werden als überholt und fortschrittswidrig abgewertet. Man hat dies eine »Kolonialisierung der deutschen Vergangenheit« genannt, mit der das komplexe Gebilde des Alten Reiches als nicht zukunftsfähig ins historische Abseits gestellt wurde.[5] Vor der verdunkelten Geschichte deutscher Vielstaatlichkeit unter dem Dach des Reiches – Partikularismus, Zersplitterung, Flickenteppich lauten die bis heute gängigen Abwertungsworte – sollte die Zukunft nationalstaatlicher Einheit fortschrittshell leuchten.

Das Ende des Alten Reiches, eingefügt in den »napoleonischen Versuch einer gewaltigen Reichsgründung«, die Europa in einer Kette von Kriegen imperial unter französischer Hegemonie machtpolitisch gänzlich neu ordnen wollte, führte in die erste der »beiden Massenkatastrophen unter den europäischen Kleinstaaten«. So charakterisierte diese Zäsur Werner Kaegi, dem als Schweizer Historiker die Abneigung gegen Macht durch Größe historisch gewissermaßen in die Wiege gelegt war.[6] Als die zweite der Massenkatastrophen der Kleinen bewertete er die Erzwingung des deutschen und des italienischen Nationalstaates. In der deutschen Geschichte steht sie für den zweiten tiefen Geschichtsbruch. Österreich schied 1866 aus der deutschen Staatenordnung aus, Preußen als Sieger im militäri-

4 Zur Perspektive Geschichtsbrüche: »Vom Wert historischer Erfahrung in einer Zusammenbruchsgesellschaft: Deutschland im 19. und 20. Jahrhundert«, in: Langewiesche 2008b, S. 103–113.

5 Burgdorf 2006, S. 255.

6 Kaegi: 1942, S. 270. Vorzüglicher Überblick bei W. Müller: »Das Ende des Alten Reiches und Modelle der Neuordnung (1795–1813)«, in: Willoweit 2019, S. 197–213.

schen Kampf um die Dominanz in Deutschland stieg zur nationalstaatlichen Einigungs- und Hegemonialmacht auf. Doch erst der Krieg gegen Frankreich durchbrach politisch und auch emotional die Barrieren, die vor allem im Süden und Südwesten weiterhin einem deutschen Staat unter preußischer Führung im Wege standen.

Mit dem Ende des Deutschen Bundes entfiel wie zuvor mit der Auflösung des Alten Reiches der Schutzraum für die Kleineren. Wer die erste europäische »Massenkatastrophe« überlebt und sein meist erheblich vergrößertes Territorium vom Wiener Kongreß völkerrechtlich zugesichert bekommen hatte, wer 1866 nicht von Preußen annektiert worden war, verlor 1871 seine staatliche Autonomie, blieb aber als föderaler Gliedstaat mit allen Institutionen im neuen Nationalstaat bestehen. Was 1849 in der Revolution mißlungen war, konnte nun verwirklicht werden: Aus der mehrstaatlich-staatenbündischen Ordnung ging ein föderativer deutscher Nationalstaat hervor. Er brach mit der Hauptlinie deutscher Geschichte. Sie kannte zwar staatlich-territoriale Verdichtungen – die stärkste ging mit dem Ende des Alten Reichs einher –, doch keinen zentralisierten deutschen Gesamtstaat. Daß dieser mit Elsaß und Lothringen ehemals reichische, seit dem 17. und 18. Jahrhundert französische Gebiete als Siegesprämie im Deutsch-Französischen Krieg annektierte, vergiftete die Beziehungen zum westlichen Nachbarn auf lange Zeit.

Das Ergebnis dieses zweiten Geschichtsbruchs von 1866/71 wirkt bis in die Gegenwart wie ein Magnet, der alle Geschichtslinien auf den Nationalstaat ausrichtet. Es gab immer auch Gegenstimmen, die dem nationalstaatlichen Umschreiben der deutschen Geschichte widersprachen. Doch das vorherrschende Geschichtsbild bestimmten die anderen. Ihre Motive waren und sind sehr unterschiedlich. Doch in einem stimmen sie überein: Der Nationalstaat gilt als Modernitätsgarant. Nicht nur in Deutschland, sondern generell. So konnte die Überzeugung entstehen, Deutschland habe sich als »verspätete Nation« (Helmuth Plessner) doch noch in den europäischen Normalweg eingeordnet. Ihn gab es nicht. Europas Staaten gingen unterschiedliche Wege. Einer von ihnen war der deutsche. Er verlief lange richtungsoffener, als es das nationalstaatliche Geschichtsbild kleindeutsch-preußisch-protestantischer Prägung wahrhaben will.[7]

Dieser deutsche Weg gründete in der historischen Vielstaatlichkeit eines Staatenverbundes, der seine Mitglieder zu einer Rechts- und Verteidigungsgemeinschaft zusammenschloß, ihnen aber eine hohe Autonomie ließ. Dies führte dazu, daß Einheit der Nation nicht mit einheitlichem Nationalstaat gleichgesetzt werden mußte. Es entstand die Vorstellung einer deutschen Föderativnation, deren staatliche Gestalt lange entwicklungsoffen blieb.[8] Erst der Nationalstaat beendete diese Offenheit. Aus der staatenbündischen Föderativnation, die sich nach 1815 vielfältig organisierte (Kap. 2–3), ging territorial verkleinert ein bundesstaatlicher Nationalstaat hervor. Die Entscheidung fiel in Kriegen.

Dies war kein föderativer deutscher Sonderweg. In anderen ›zusammengesetzten Staaten‹, wie man Staaten nennt, deren Glieder historisch bedingt eine beträchtliche Autonomie besaßen, blieb es ebenfalls lange umkämpft, ob daraus ein zentralisierter oder ein föderativer Nationalstaat entstehen würde. Es gab in Europa ein weites Spektrum an staatlichen Organisationsformen. Die meisten enthiel-

7 Neuere Studien, die sich diesem Geschichtsbild entziehen: Sheehan 1981, 1989; Siemann 1994, ²2016; Blackbourn 1997; Lenger 2003; Willoweit 2019 (Einführung). Mit Blick auf die Mittelalter-Deutungen seit dem 19. Jh. Ehlers 1994, S. 63 ff.; G. Althoff: »Die Deutschen und ihr mittelalterliches Reich«, in: Schneidmüller/Weinfurter 2006, S. 119–132; Genauer dazu Kap. 2.

8 Vgl. Langewiesche/Schmidt 2000; Langewiesche 2000 u. 2008a.

ten föderale Elemente.[9] Nicht allein die Entwicklung zum einheitlichen Nationalstaat, auch die Trennung in separate Staaten war möglich. Und sie ist es weiterhin, wie die Auflösung der Tschechoslowakei in zwei Staaten, die Abstimmung in Schottland über den Verbleib im Vereinigten Königreich von Großbritannien und Irland oder die Auseinandersetzungen um den künftigen Status des spanischen Katalonien zeigen.

Deutschland war keine verspätete Nation. Die Überzeugung, einer gemeinsamen Nation anzugehören, ist im Alten Reich entstanden. Es war noch nicht die Idee der ›Volksnation‹, die auf die staatsbürgerliche Teilhabe aller zielt, doch auch die ständisch gegliederte Reichnation zeugte von dem Gefühl, zusammenzugehören.[10] Man könnte also allenfalls von einem verspäteten Nationalstaat sprechen. Doch damit würde man den französischen und den britischen Weg zum zentralisierten Nationalstaat zum Normalweg erheben. Er war es nicht. Er garantierte auch keineswegs, wie man oft in verengter europäischer Perspektive gemeint hat, eine raschere Entwicklung in Richtung Demokratie. In Großbritannien und Frankreich entstanden Nationalstaaten, die früh zu kolonialen Imperien expandierten. Die Zentralisierung staatlicher Macht begünstigte koloniale Eroberungen. Demokratisierung und Parlamentarisierung im Innern und imperiale Herrschaft nach außen liefen im 19. Jahrhundert parallel. Die Berufung auf die Nation legitimierte beides. Wer dies übersieht und die französische oder britische Geschichte zur Norm eines westlichen Weges hin zum demokratischen Nationalstaat erhöht, denkt kleineuropäisch. Das imperiale Großeuropa,

9 Überblick: Fröschl 1994. Die langen Linien des deutschen Föderalismus bei Funk 2008; Willoweit 2019.

10 Vgl. Schmidt 2009 u. 2010; Langewiesche/Schmidt 2000. Dazu Kap. 3.

das seit dem 19. Jahrhundert allen voran von Großbritannien und Frankreich geschaffen wurde, wird ausgeblendet.

Andere Nationalstaaten – zu ihnen gehören neben dem deutschen alle Staaten, die im habsburgischen Mittel- und Südeuropa und im osmanischen Südosteuropa entstanden – lösten sich aus multinationalen Reichen. Das geschah überall in Kriegen.[11] Deutschland und Italien trennten sich von der Habsburgermonarchie. Erst als diese und das Osmanische Reich sich als Folge ihrer Niederlagen im I. Weltkrieg auflösten und das Russische Reich im Übergang zur Sowjetunion große Teile seiner westlichen Peripherie verlor, hatte sich in Kontinentaleuropa der Nationalstaat durchgesetzt. In dieser europäischen Perspektive ist der deutsche Nationalstaat weder verspätet entstanden noch wies er ein Defizit an Demokratisierung auf. Er ging nicht voraus, stand aber auch nicht am Ende.

Mit dem deutschen (und dem italienischen) Nationalstaat veränderte sich das internationale Machtgefüge. Das Alte Reich und der Deutsche Bund zielten auf Bewahrung, nicht auf Angriff. Wie immer man die Staatlichkeit dieser Staatenverbünde charakterisiert – sie waren keine Machtstaaten. Darin unterschieden sie sich grundlegend von den europäischen Großstaaten, die auf territoriale Expansion ausgerichtet waren. In diesen machtpolitischen ›Normalweg‹ fügten sich die deutsche und die italienische Nation erst ein, als sie in Nationalstaaten vereint wurden. Es dauerte nur wenige Jahrzehnte, bis auch sie kolonial ausgriffen. Wollte man das geläufige Bild der Verspätung bemühen, könnte man für Deutschland und Italien im Vergleich zu Großbritannien und Frankreich allenfalls von »verspäteten« Kolonialstaaten oder Imperien sprechen.[12]

11 Vgl. Langewiesche 2019.

12 Ich nehme eine Formulierung Heimpels auf – die Deutschen als verspätetes Kolonialvolk. H. Heimpel: »Entwurf einer deutschen

Wie die beiden Geschichtsbrüche, in denen das Alte Reich unterging und der deutsche Nationalstaat entstand, mit europäischen Umbrüchen verwoben waren, so auch die Geschichtszäsur von 1918/19. Die Weltkriegsverlierer verloren ihre Imperien und verwandelten sich in demokratische Republiken, die territorial erheblich schrumpften. Dieser Preis für den Frieden fiel für Österreich und Ungarn noch höher aus als für Deutschland. Wer mit dem Territorium den Staat wechselte, wurde zur Minderheit. Was sich daraus entwickeln würde, mußte die Zukunft zeigen. Der Weg in einen militärischen Revisionismus gegen die neue nationalpolitische Staatenordnung Nachkriegseuropas war nicht zwangsläufig vorgegeben. Der Minderheitenschutz, den die Pariser Vorortverträge vorschrieben, ließ auch andere Entwicklungen zu.[13]

Der Untergang aller Monarchien in den Verliererstaaten befreite diese von Hemmnissen, die einer vollen Parlamentarisierung des Staates entgegenstanden. Auch der Prozeß gesellschaftlicher Demokratisierung beschleunigte sich. Doch es endeten auch Entwicklungen, die auf eine parlamentarische Monarchie nach britischem Vorbild hoffen ließen. In Ländern wie Baden oder Württemberg war man auf diesem Weg vorangekommen, in Preußen nicht. Auf Reichsebene waren die Blockaden erst in der Endphase des Weltkrieges gefallen. In Österreich-Ungarn hatte man föderale Reformen entworfen, um dieses multinationale Staatengebilde beisammen zu halten, als die deutsche und die ungarische Hegemonie in den beiden Reichshälften von den anderen Nationen immer weniger hingenommen wurde.[14] All

Geschichte«, in: ders.: *Der Mensch in seiner Gegenwart*, Göttingen 1954, S. 176.

13 Vgl. Ther 2011, S. 89–106.

14 Vgl. Judson 2017; J. Osterkamp: »Föderale Ideen in der Habsburgermonarchie und die imperiale Vielfalt der Nationen und Territorien (1848–1867)«, in: Willoweit 2019, S. 271–295.

diese Entwicklungen endeten, als die Monarchien gestürzt wurden oder abtraten. Die Weltkriegssieger behielten ihre Staatsordnung, auch wenn sie monarchisch war, die Verlierer nicht.

Das Ende der Monarchien schwächte in Deutschland den Föderalismus, doch er überlebte. In Italien hatte hingegen der Nationalstaat bereits in seiner militärischen Gründungsphase alle einzelstaatlichen Monarchien beseitigt – bis auf die piemontesische, die als militärische Einigungsmacht zur nationalstaatlichen Monarchie erhöht wurde. Der Monarchiensturz ermöglichte die Zentralisierung des Nationalstaates in Italien, das Überleben der meisten deutschen Monarchien auf dem Kriegsweg in den Nationalstaat garantierte dessen föderative Struktur. In der Vielstaatlichkeit des Alten Reiches und des Deutschen Bundes angelegt, hatte sie sich seit 1871 im politischen und gesellschaftlichen Leben so verfestigt, daß nach dem Weltkrieg der Föderalismus auch ohne seine monarchischen Bastionen fortlebte.

Der Untergang der Monarchie der Habsburger und der Hohenzollern setzte unerwartet die Beziehungen zwischen Österreich und dem Staat der deutschen Nation erneut auf die Tagesordnung der Geschichte. Die politische Lage hatte sich gänzlich verändert gegenüber 1866, als Österreichs Ausschluß im deutschen »Bruderkrieg«, wie ihn Zeitgenossen nannten,[15] erzwungen worden war. Die multinationale Habsburgermonarchie bestand nicht mehr, das deutschsprachige Österreich war zum Kleinstaat geschrumpft, den viele nicht für lebensfähig hielten. Ihn mit der Weimarer Republik zu vereinen, wie es die österreichische und die deutsche Nationalversammlung wünschten, ließen die Weltkriegssieger nicht zu. Ebenso

15 Vgl. Buschmann 2003.

nicht eine Zollunion beider Staaten Anfang der 1930er Jahre.[16]

Von der österreichischen Republik ging in den folgenden Jahren kein Revisionismus aus, doch als 1938 das nationalsozialistische Deutschland ihren ›Anschluß‹ militärisch erzwang, empfanden viele in Deutschland wie in Österreich dies als Vollendung der kleindeutsch begrenzten Reichsgründung von 1871. Für sie war es die »Heimkehr Österreichs«[17], eine »Wiedervereinigung«[18]; die großdeutschen Hoffnungen der Revolution von 1848/49 schienen doch noch erfüllt. Die Paulskirchenverfassung von 1849 hatte die Teilnahme der »deutsch-österreichischen Lande an dem Bundesstaate« (§ 87) für die Zukunft offenhalten wollen. Daß die nationalsozialistische Diktatur sich in diese Geschichtslinie zu stellen schien, sicherte ihr Zustimmung auch unter denen, die ihre Innenpolitik und ihre Ideologie ablehnten.

Hitlers Politik brach jedoch gänzlich mit den nationalgeschichtlichen Traditionen in Europa. Österreichs ›Heimkehr‹ stand zwar am Ende eines nationalen Revisionismus in gesamtdeutscher Tradition, und selbst die Annexion des Sudetenlandes als eine »Art erweiterten Anschlusses«[19] ließ sich als Wiederaufleben großdeutscher Hoffnungen ausgeben. Doch beides stand zugleich am Beginn einer »expansionistischen Dynamik«[20] über alle großdeutschen oder auch reichsgeschichtlichen Visionen hinaus. Diese Expan-

16 Vgl. O. Rathkolb: Erste Republik, Austrofaschismus, Nationalsozialismus, in: Winkelbauer ³2018, S. 477–524, 477–490; Hildebrand 1995, S. 526–534.

17 Demandt ²1991, S. 11 (eine damals geläufige Formulierung).

18 So Gesetz v. 13. 3. 1938 »Wiedervereinigung Österreichs mit dem Deutschen Reich«.

19 Kershaw 2000, S. 142.

20 Ebd., Kap. 15. Überblick auf neuestem Forschungsstand Herbert ²2017.

sion zielte auf Unterjochung des ›Ostens‹, und sie gehörte zu den Voraussetzungen für den Weg in den Völkermord an den Juden Europas. Im II. Weltkrieg war ein deutsch-imperiales Europa im Entstehen, das auf Vernichtung und Genozid aufbaute. Dafür gab es in Europa keine historischen Vorläufer. Auch wenn der NS-Kolonialismus das erhoffte ›Großgermanische Reich deutscher Nation‹ tief in der Vergangenheit vorgebildet wähnte.[21] Die Hybris dieses Ziels verlangte nach extremer Gewalt. Der Krieg wurde total, die Niederlage ebenfalls.

Der Versuch, ein kontinentaleuropäisches Imperium unter deutscher Hegemonie zu errichten, und dessen Scheitern gehören zu den tiefsten Zäsuren in der neueren Geschichte. Doch das Europa der Nationalstaaten, das aus dem I. Weltkrieg hervorgegangen war, überdauerte.[22] Der Nationalstaat galt gegenüber multinationalen Staaten und Imperien weiterhin als das überlegene Zukunftsmodell. Auch die Teilung Europas in zwei Machtblöcke im bald einsetzenden Kalten Krieg änderte dies nicht.

Fortgesetzt wurde auch ein zweiter Entwicklungstrend. Er zielte auf den ethnokulturell homogenen Nationalstaat. Diese Form einer Ethnonationalisierung Europas, die überall zu Lasten der Minderheiten ging, hatte im 19. Jahrhundert eingesetzt und war im und nach dem I. Weltkrieg enorm verstärkt worden. 1944 bis 1948 erreichte sie ihr größtes Ausmaß. Betroffen waren in dieser letzten Phase in Europa annähernd 16 Millionen Menschen, davon ca. 12,5 Millionen Deutsche. Nie zuvor waren die europäischen Staaten ethnisch-kulturell so homogen wie seit dieser Zeit, als im Nachkriegseuropa die ethnisch-nationale Entmischung durch Deportation, Flucht und Vertreibung zu einem Programm der Konflikteindämmung wur-

21 Vgl. Mazower 2011, S. 187 ff.

22 In weiter Perspektive dazu Raphael 2011.

de.[23] Arbeitsmigrationen und Fluchtwanderungen wirken bis in die Gegenwart gegenläufig. Europa wurde zu einem Einwanderungskontinent.[24] Die gegenwärtigen Probleme in europäischen Staaten und auch in Deutschland, sich als Einwanderungsland zu verstehen, dürften auch mit der Ethnonationalisierung seit dem II. Weltkrieg zusammenhängen. Nie zuvor in der Geschichte Europas wurde das Prinzip *Ein* Nationalstaat – *Eine* Nation so massiv und so leidvoll erzwungen. Leitbild war die ethnisch-kulturell homogene Staatsnation.

In diesen europäischen Entwicklungen wurde auch neu bestimmt, was unter *deutsch*, *deutsche Nation*, *Deutschland* zu verstehen sei. Die Vorstellung von einer deutschen Kulturnation, die nicht nach staatlicher Einheit verlangt, war bereits nach dem I. Weltkrieg verblaßt. Menschen, die sich nach Sprache, Kultur und Herkunft als Deutsche verstanden, aber Staatsbürger anderer Staaten waren, nannte man ›Auslandsdeutsche‹. Der Begriff war älter, doch nun verlor er die Offenheit gegenüber staatlicher Zugehörigkeit. In der nationalsozialistischen Herrschaftszeit setzte sich der Begriff ›Volksdeutsche‹ durch. Er signalisierte, dass nicht der Wille des Einzelnen, sondern die (nun rassisch definierte) Volkszugehörigkeit entscheide. Die Verwandlung deutsch-kultureller Minderheiten in Volksdeutsche, die der Nationalsozialismus für sein Herrschaftsprogramm einsetzen konnte, war ein komplexes Geschehen.[25] Im und nach dem II. Weltkrieg konnte der Einzelne nicht mehr frei über die eigene Zugehörigkeit entscheiden. Umsiedlung, Flucht und Vertreibung machten *Nation* oder *Volk* vollends

23 Vgl. Ther 2011; *Lexikon der Vertreibungen* 2010; Schwartz 2013.

24 Vgl. Bade 2002. Eine deutsche Geschichte entlang der Migration Plamper 2019.

25 Historisch-ethnologische Fallstudie zu Ungarn Swanson 2017. Unter Einschluß des Elsasses und Südtirols Beer/Beyrau/Rauh 2009.

zu Schicksalsgemeinschaften, denen man sich als Individuum nicht entziehen konnte.

Die zahlreichen deutschen Minderheiten, die im östlichen und südöstlichen Europa gelebt und die dortige kulturelle Vielfalt bereichert hatten, verschwanden nun weitgehend. Die meisten von ihnen zogen wie die Deutschen aus den ehemaligen östlichen Reichsgebieten in die Besatzungszonen in Deutschland. Prozentual die meisten nahm die sowjetische Zone auf. Eine geringere Zahl kam nach Österreich und in andere Länder. Viele überlebten Flucht, Vertreibung oder Deportation nicht.[26]

Die beiden deutschen Staaten, die 1949 gegründet wurden, setzten die territoriale Schrumpfung fort, die mit allen Geschichtszäsuren seit dem Ende des Alten Reichs einherging. Ganz gleich, ob das neue Deutschland aus gewonnenen oder verlorenen Kriegen entstand – es wurde kleiner. Allein die nationalsozialistische Diktatur fügt sich nicht in diese Entwicklungslinie. Die Folgen ihrer Expansion waren verheerend.

Österreich schied mit dem Ende des II. Weltkrieges erneut aus der deutschen Nation aus. Eine österreichische Staatsnation entstand.[27] Im westdeutschen Staat wurde die Einheit der deutschen Nation – in den Grenzen von 1937, also ohne Österreich – trotz staatlicher Teilung als Verfassungsgebot festgeschrieben; in beiden deutschen Staaten lebte sie als Alltagserfahrung und als Geschichtsvorstellung fort. Darin zeigt sich die Wirkmacht der Idee ›deutsche Nation‹. Sie hatte die staatliche Teilung überstanden, und sie überdauerte auch die vier Jahrzehnte, in denen zwei

26 Mit Zahlen: *Lexikon der Vertreibungen* 2010; Beer 2011.

27 Ab wann man von ›österreichischer Nation‹ sprechen kann, ist strittig. Vgl. Bruckmüller [2]1996; Th. Winkelbauer: »Was heißt ›Österreich‹ und ›österreichische Geschichte‹?«, in: ders. [3]2018, S. 14–31, 31 (Umfrageergebnisse seit 1956, ob Österreich eine eigene Nation sei). Tiefschürfende Analysen bei Stourzh 1990.

deutsche Staaten mit konkurrierenden staatlichen und gesellschaftlichen Ordnungen existierten.

Als die Selbstauflösung des Sowjetimperiums die Staaten ihrer westlichen Peripherie aus der Abhängigkeit entließ, erwies sich die Überzeugung vieler (keineswegs aller) Ost- und Westdeutscher, einer gemeinsamen Nation anzugehören, als die Grundvoraussetzung für die rasche Vereinigung der beiden deutschen Staaten.[28] Daß sie als ›Beitritt‹ der DDR erfolgte, war auch eine Folge des Zeitdrucks, unter dem die Regierungen beider Staaten standen. Die Massenbewegung in der DDR forderte die rasche Vereinigung, die DDR-Wirtschaft schien vor dem Zusammenbruch, zumal die Übersiedlung in die Bundesrepublik anstieg, die Entwicklung in der sowjetischen Führung war unklar, und die Unterstützung der westlichen Verbündeten mußte gesichert werden.

Wenn man diese deutsch-europäische Geschichtszäsur in eine lange Perspektive einfügen will, so bietet sich der Weg in den Nationalstaat von 1871 als Vergleich an. Auch damals war die Entstehung von zwei deutschen Staaten (neben dem von Preußen dominierten Norddeutschen Bund ein Südbund) nicht ausgeschlossen. Auch damals erforderte die internationale Politik rasches Handeln, denn es war nicht sicher, wie die Großmächte auf diese Machtverdichtung in Mitteleuropa reagieren würden. Und auch damals erfolgte die staatliche Vereinigung als Beitritt der Kleineren zu dem großen Staat, der in allen Bereichen von der Wirtschaft bis zum Militär überlegen war. Die Verfassung des Norddeutschen Bundes wurde zur Reichsverfassung, als die süddeutschen Staaten sich in einen Bundesstaat einfügten, den sie so nicht gewollt hatten. Eine Volksabstimmung fand nicht statt, wohl aber ging von der Nationalbewegung ein erheblicher Vereinigungsdruck aus. Grundlage für die

28 Vgl. Rödder 2009; Wirsching 2012; Herbert ^{2}2017, S. 1114 ff.

Vereinigung zu einem gemeinsamen Staat und dessen Akzeptanz seitens der Großmächte war 1871 wie 1990 die Überzeugung, es gebe eine deutsche Nation, deren Recht es sei, sich für die staatliche Einheit zu entscheiden. Der Wille der Nation hatte zwar zu keiner Zeit ausgereicht, Staaten zu vereinen oder zu trennen, doch er stiftete Legitimität. Im Innern gegenüber der Bevölkerung und den Regierungen, nach außen gegenüber denjenigen Staaten, ohne deren Hilfe oder zumindest Zustimmung das Projekt Nationalstaat nicht zu verwirklichen war. Dies bestätigte sich in der Wiedervereinigung. Sie war »an die internationalen Bedingungen gebunden«[29] – wie zuvor die Teilung und wie alle Umbrüche in der deutschen Geschichte seit dem Ende des Alten Reiches.

Föderative Traditionen überbrücken staatliche Umbrüche

Hilfreich auf dem Weg zum Nationalstaat war im 19. Jahrhundert wie 1990 der tief in der deutschen Geschichte verankerte Föderalismus. Er blieb historisch stets in Bewegung. Vor 1871 ermöglichte er es, sich einer deutschen Nation ohne gemeinsamen Nationalstaat zugehörig zu fühlen. Nach 1871 gehörte er zu den wirksamsten Kräften politisch-gesellschaftlicher Integration in einen Nationalstaat, den sehr viele in dieser kleindeutsch-preußisch-protestantischen Gestalt nicht gewollt hatten. Der Föderalismus begrenzte die Macht der zentralen Institutionen und schuf oder bewahrte Räume der Selbstbehauptung mit regionalen Institutionen, allen voran Landesparlamenten, Landesregierungen und Landesfürsten. Nach 1919 geriet der Föderalismus in die Kritik von Sozialdemokraten, Demokraten und Linksliberalen, die mit einer unitarischen

29 Rödder 2009, S. 49.

Republik einen Trennstrich zum Nationalstaat als ›Fürstenbund‹ ziehen wollten. Vor allem sollte das Übergewicht Preußens beseitigt werden. Das gelang nicht. Die Reichsreform wurde zum Dauerproblem, doch die föderale Ordnung der Weimarer Republik stand nie in Frage (Kap. 4). Erst der nationalsozialistische Staat setzte ihre Institutionen außer Kraft.

Nach dem II. Weltkrieg ließen die alliierten Besatzungsmächte die föderative Tradition fortsetzen. Doch die Länderstruktur veränderte sich grundlegend. Preußen gab es nicht mehr. Preußen sei zu groß für Deutschland, hatten schon Demokraten und Liberale im 19. Jahrhundert beklagt. Doch auch die meisten der anderen Länder entstanden nicht in ihrer alten Gestalt wieder, auch wenn sie ihren Namen behielten. Der Föderalismus als staatliche und als gesellschaftliche Ordnung überdauerte, die Länder änderten sich. In der DDR hingegen endete die föderative Tradition, als 1952 Bezirke an die Stelle der Länder traten. Sie galten als unvereinbar mit dem sozialistischen Einheitsstaat, der aufgebaut werden sollte. Föderale Machtbegrenzung paßte nicht zu ihm. Als die DDR aufgelöst wurde, kehrten auch die Länder zurück.

Die föderative Grundlinie der deutschen Geschichte hat sich also über alle Brüche hinweg behauptet. Ihr liege, so hat man mit guten Gründen argumentiert, »ein elementarer Freiheitswille zugrunde [...], der gegenüber den mächtigeren Herrschafts- und Staatsgewalten einen Raum der Autonomie zu sichern sucht.«[30] Ob sie sich gegenüber der Europäischen Union als einem überstaatlichen Machtzentrum ohne historisches Vorbild und angesichts der gegenwärtigen Herausforderung durch den populistischen Neonationalismus in Europa und in Deutschland erneut bewähren wird, kann nur die Zukunft zeigen.

30 Willoweit 2019, S. 17.

2. Reich – Mehrstaatlichkeit – Föderalismus. Grundmuster deutscher Geschichte seit dem Mittelalter bis 1871

Die Anfänge

Wann beginnt die deutsche Geschichte? Eine einhellige Antwort auf diese schlichte Frage bieten die Fachleute nicht. Die Mythen von gestern sind abgeräumt, nach einem Geburtsdatum wird nicht mehr gesucht, der Weg in die deutsche Geschichte wird als lange Entwicklung zwischen dem 9. und dem 15. Jahrhundert beschrieben. Etappen auf ihm sind strittig. Uneinig ist man sich auch, ab wann man von einem deutschen Volk sprechen kann. Dessen Entstehung wird in die »Vielfalt der Ethnogenesen im ostfränkischen Reich«[1] eingeordnet. Im Extrem gilt es nun als eine »vergangenheitslose Neubildung«[2].

Ein ›deutsches Volk‹ als Herkunftsgemeinschaft hat es im Mittelalter nicht gegeben und »strenggenommen« auch kein ›deutsches Reich‹.[3] So entschieden formulieren es die wenigsten Mediävisten, wenn sie nach den Anfängen der Deutschen und ihres Reiches fragen. Doch einig sind sie sich heute in der Grundlinie. Am Anfang steht kein deutsches Volk, aus dem ein deutsches Reich und deutsche Staaten hervorgingen. Scharf zugespitzt: Ethnogenese folgte der

1 Schneidmüller 2000b. Zur Forschungsentwicklung Pohl u.a. 2018, S. 9–34.

2 Fried [2]2015, S. 24. Zum Folgenden Ehlers 1994; Schneidmüller 1995; R. Schieffer: »Desintegration und neue Integration auf dem Boden des fränkischen Großreichs«, in: Willoweit 2019, S. 27–42; H.-W. Goetz: »Vom ›Stamm‹ zum ›Territorium‹?«, in: ebd., S. 59–89; Schneidmüller/Weinfurter 2006; Moraw 1989b, 1995. Zu Begriffen ›Volk‹, ›gens‹, ›Königreich‹, ›regnum‹ Goetz/Jarnut/Pohl 2003; W. Pohl: »Regnum und gens«, in: ders./Wieser 2009, S. 435–450.

3 So Rexroth [2]2007, S. 9.

Herrschaftsbildung, nicht umgekehrt. Beides vollzog sich in langfristigen Prozessen, war ständig im Wandel, manche Entwicklungen brachen ab, Zufälle spielten eine Rolle.

Das römisch-deutsche Reich – ein ›Kunstwort‹; seit dem 12. Jahrhundert sprach man vom *Sacrum Imperium* oder *Romanum Imperium* – hat man ein »polyzentrisches Gebilde« in Bewegung genannt,[4] als »multikulturell und multistrukturell« charakterisiert[5] und, angeregt durch die sozialwissenschaftliche *Governance*-Forschung, als »verflochtene Staatlichkeit«[6] bestimmt. Sein »supragentiler Charakter« sei »vorübergehend fränkisch, auf lange Zeit römisch, keineswegs aber deutsch« gewesen.[7]

›Deutsch‹ genannt wurde es zuerst im 11. Jahrhundert in Italien. *Regnum Teutonicum* und *Rex Teutonicus* waren zunächst abwertende Fremdbezeichnungen. Erst seit dem späteren 15. Jahrhundert erhielt das *Heilige Römische Reich* den Zusatz ›deutscher Nation‹, ohne jedoch der einzig gebräuchliche Name zu werden. Man hat deshalb im Widerspruch zu den weiterhin gebräuchlichen Frühdatierungen vorgeschlagen, »den Abschluß der viel diskutierten Entstehung Deutschlands […] ins ausgehende 15. Jahrhundert zu legen«.[8] Erst jetzt wurden im Reich dauerhaft ständische Institutionen ausgebildet. In dieser »Verdichtung«, wie Peter Moraw den Zuwachs an Staatlichkeit auf den Begriff gebracht hat, entstand jener »institutionalisierte Dualismus« von Kaiser und Ständen, der trotz allen Wandels bis zum Ende des Reiches 1806 die »gültige Form der deutschen Gesamtstaatlichkeit« blieb.[9]

4 Moraw 1989a, Zitate S. 103; Moraw 1989b, S. 24.
5 St. Weinfurter: »Vorstellungen und Wirklichkeiten vom Reich des Mittelalters«, in: Schneidmüller/Weinfurter 2006, S. 451–474, 473.
6 G.F. Schuppert, in: Esders/Schuppert 2015, S. 133–145.
7 Ehlers 1994, S. 61.
8 Moraw 1989a, S. 112; Moraw 1989b, S. 18.
9 Ders. 1989b, S. 19. Detailliert Isenmann 1989.

Was war das Reich?

Diese Form von Staatlichkeit hatte es bis dahin im Reich nicht gegeben. Doch sie blieb dauerhaft hinter dem zurück, was die Fürsten in den Territorien durchsetzten. In ihnen entstanden »die ersten wirklichen Staaten auf deutschem Boden«.[10] Auch sie waren dualistisch organisiert. Wie der Kaiser blieb der Landesherr auf den Konsens mit den Ständen angewiesen. Vor allem in Krisenzeiten trat dies hervor. Bernd Schneidmüller hat aus solchen Befunden das Konzept einer konsensualen Herrschaftspraxis im Mittelalter entwickelt. Er spricht von Wirkverbünden, in denen sich »die konsensuale Bindung von Herrschaft als Grundlage alteuropäischer Ordnung« ausformte. In ihr entwickelte sich das römisch-deutsche Reich zum »Sonderfall in Europa«[11].

Die weltlichen Landesherrschaften wurden erblich, das Amt des Königs nicht, auch wenn es zu dynastischen Erbfolgen kam. Zum Kaiser gekrönt, umgab ihn die sakrale Aura des universalen christlichen Friedensfürsten. »Das mittelalterliche Kaisertum war ein Auftrag Gottes, vermittelt durch den Papst.«[12] Dieser sakrale Charakter verlor sich zwar, als der Papst an der Erhebung zum Kaiser nicht mehr mitwirkte, an die *translatio imperii* nicht mehr geglaubt wurde und das Reich sich in der Konkurrenz der europäischen Mächte bewähren mußte. Doch es blieb der zeremonielle Vorrang gegenüber allen anderen christlichen Herrschern. Nach innen behauptete sich das mittelalterliche ›heilige römische Reich‹ als ein »Rechtsgefüge, das den Verbund der Fürstenherrschaften festigte und verstetigte.« Der König blieb auch in Zeiten größter monarchischer Schwäche

10 Moraw 1989a, S. 110; Moraw 1989b, S. 26.

11 Schneidmüller 2000a, Zitate S. 65, 149; ders. 2011, S. 115, 157 ff.

12 St. Weinfurter: »Vorstellungen und Wirklichkeiten vom Reich des Mittelalters«, in: Schneidmüller/Weinfurter 2006, S. 464. Das folgende Zitat S. 466.

das legitime Zentrum dieses Reiches. Auf seine Legitimität war die des Reiches und der Herren angewiesen.

Diese Grundform der Reichsverfassung hatte sich bis Ende des 15. Jahrhunderts herausgebildet und mit dem Reichstag einen Ort erhalten, an dem der Konsens in einem Herrschaftsgebilde, dessen Größe und Komplexität in Europa einzigartig war, immer wieder ausgehandelt und zeremoniell vor Augen geführt werden mußte. Bereits den mittelalterlichen Weg in diese Ordnung föderativ zu nennen, wie es Historiker mitunter tun,[13] würde den Föderalismusbegriff wohl doch überdehnen. Versteht man mit dem Rechtshistoriker Dietmar Willoweit Föderalismus als die veränderungsreiche rechtliche Organisation von Regionalität und Dezentralität, so setzte um 1500 eine Entwicklung ein, die der Reichsverfassung »eine durch und durch föderale Gestalt« gegeben hat.[14] Was ist darunter zu verstehen?

Diese Frage ist nicht einfach zu beantworten, denn sie führt in den endlosen Disput, wie sich das komplexe Gebilde *Reich* in das Spektrum historischer Staatsformen einordnen läßt. Schon die Menschen, die in diesem Reich lebten, waren sich uneinig. Im Rückblick hat sich das nicht geändert. Die Fehlurteile des 19. Jahrhunderts, die das nationalstaatliche Deutsche Reich von 1871 vor dem eingedunkelten Bild des Alten Reiches erstrahlen ließen, sind korrigiert worden. Doch die Grundmuster der Einschätzungen, die schon Zeitgenossen des Reiches vorgelegt haben, wiederholen sich.[15] Sie schwanken zwischen Staat,

13 Vgl. J. Ehlers: »Was sind und wie bilden sich Nationes im mittelalterlichen Europa (10.–15. Jh.)«, in: Bues/Rexheuser 1995, S. 7–26, 25. Behutsamer C. Ehlers: »Die Bedeutung der Leges Barbarorum für den Föderalismus«, in: Willoweit 2019, S. 43–58,

14 Willoweit: »Einführung«, in: ders. 2019, S. 17 (Zitat) – 26.

15 Grundlegend zur Reichsgeschichte: Aretin 1993–2000; Schmidt 2010; Whaley 2013; Wilson 2017. Innovativer Ansatz, das Reich

Staatenbund und Nicht-Staat, zwischen ›Reichs-Staat‹ und überstaatlichem Reichsverband, zwischen Staat der deutschen Nation und übernationalem Personenverband. Die Bewertungen, was dieses Reich erreicht und was es verfehlt habe, sind ebenso gegensätzlich geblieben – unfähig zum starken, expansiven Staat nach dem Vorbild Frankreichs, eine Art *failed nation-state* oder ein Gebilde eigener Art, das nur zu verstehen sei, wenn es in seiner Fremdheit angenommen werde.

Auch wer vorrangig Defizite wahrnimmt und in ihnen einen deutschen Sonderweg der Verspätung als Staat und Nation erkennen will,[16] wird zugestehen, daß dieses so schwer zu taxierende Reich einem großen Teil Kontinentaleuropas für viele Jahrhunderte eine politische Ordnung gegeben hat, die Frieden und Rechtswahrung zu sichern suchte. Sie erwies sich als flexibel genug, um alle Umbrüche aufzufangen. Daß dies mit tiefen Krisen einherging, unterscheidet das Reich nicht von Herrschaftsgebilden, die stärker verstaatlicht waren. Das Reich hat die größten Herausforderungen des 16. und 17. Jahrhunderts – Reformation, Gegenreformation, Dreißigjähriger Krieg – als Einheit nicht nur überlebt, sondern ging gefestigt aus ihnen hervor. Mit dem Westfälischen Frieden (1648) wurde es institutionell reorganisiert und in dieser Gestalt völkerrechtlich bestätigt. Eine feste Gestalt erhielt es jedoch nicht. Das Reich blieb in Bewegung und brach erst auseinander,

in der »Gesamtheit der Symbole, Gesten, Rituale und Verfahren« sichtbar zu machen: Stollberg-Rilinger 2008. Knappe Bilanz: Stollberg-Rilinger [5]2013. Zum Forschungsstand Schnettger 2002; Neuhaus [2]2003; Wilson 2006; Gotthard [4]2009; Schindling 2001. Zu den damaligen Debatten Stolleis, Bd. 1, 1988. Zum Wandel dessen, was man unter ›Reich‹ verstand: »Reich«, in: *Geschichtliche Grundbegriffe*, Bd. 5, Stuttgart 1984, S. 423–508.

16 Vgl. H. Schilling: »Das Alte Reich – ein teilmodernisiertes System«, in: Schnettger 2002, S. 287.

als Alteuropa um 1800 in Revolution und Krieg unterging. Die territoriale Neuordnung Kontinentaleuropas, die nun begann, der Umbruch in der Legitimierung staatlicher Ordnung, erfaßte alle Staaten. Auch das vermeintliche Modernitätsvorbild Frankreich. Dessen Umformung geschah weitaus gewaltsamer als die des Reiches, wie auch in den Jahrhunderten zuvor der französische Weg in den Zentralstaat über Gewalt und Kriege verlaufen war. Frankreichs zentralstaatliche Modernität, an der vermeintliche Sonderwege oder Verspätungen anderer bemessen werden, entstand als ein Gewaltgeschöpf. Zentralisierung im Innern und Expansion nach außen waren ohne Krieg nicht zu haben. Das Reich hingegen blieb strukturell auf Bewahrung ausgerichtet. Das verhinderte im Innern nicht Kriege, doch nach außen trat das Reich nicht expansiv auf.

Zum Föderalismus des Alten Reiches

Was trägt die weiterhin kontroverse Debatte über die Eigenheit des Alten Reiches zu unserer Frage bei nach Föderalismus und Mehrstaatlichkeit als Grundmuster deutscher Geschichte? Sie läßt zwei Gemeinsamkeiten hervortreten, die sich als allgemein anerkannt durch die gegensätzlichen Deutungen der Reichsgeschichte ziehen. Erstens, im Alten Reich hat sich im machtpolitischen Ringen zwischen Kaiser und Ständen keine Seite dauerhaft durchsetzen können. Die frühneuzeitlichen Staatsbildungsprozesse führten in die Mehrstaatlichkeit, doch diese blieb eingebunden in einen Reichsverband mit einem königlich-kaiserlichen Oberhaupt und weiteren Reichsinstitutionen, insbesondere Reichstag, zwei Reichsgerichten und Reichskreisen. Zweitens, die föderative Gestalt des Reiches – verstanden als eine rechtlich-politische Ordnung, welche die ständischen und landesherrlichen Glieder des Reiches in wechselseitiger Abhängigkeit zu einem funktionsfähigen Verband zusammenfügte – blieb entwicklungsoffen. Die föderative Tradition, die sich im Alten Reich ausbildete, war so tief in den Rechtsordnungen, der politischen Praxis und in der Lebenswelt der Menschen verankert, daß sie das Ende des Reiches überstehen und in neue Formen des Föderalismus überführt werden konnte. Dies wird nun in knappen Linien verfolgt.

Unter den frühneuzeitlichen Staatsdenkern war es vor allem Johannes Althusius, der dem Konzept der Herrschaftskonzentration im Einheitsstaat, wie es Jean Bodin wirkmächtig entwickelt hat, anhand des Alten Reiches, der Niederlande und der Schweiz ein föderatives Modell entgegengestellt hat.[17] Er ergänzte in der Theorie der Mischverfassung die horizontale Machtteilung zwischen Kaiser und Reichsständen sowie Landesherrn und Landständen durch die vertikale zwischen Reichshoheit und Landeshoheit. Hinzu kamen Verfahren der Machtteilung zwischen den Konfessionen. Diese Art des machtteiligen Föderalismus, der das Reich auszeichnete, war auf Konsens und Subsidiarität angelegt. Ohne ihn hätten die Institutionen des Reiches und der Territorien nicht funktioniert.

Herrschaft durch Konsens bedeutete nicht Herrschaft ohne Konflikte. Die Notwendigkeit, Konflikte zu regeln, trug vielmehr dazu bei, die föderative Ordnung auszubauen und zu festigen. Zur Wahrung des inneren Friedens – zentrale Aufgabe eines jeden Staates – wurden Landfrieden vereinbart und 1555 die Reichsexekutionsordnung beschlossen. Hinzu traten zeitlich und auch räumlich begrenzte Einungen und Bünde wie der ständeübergreifende Schwäbische Bund. Er schuf sich eine Organisation mit einem Schiedsgericht und gebot über eine erhebliche Militärmacht. Über einen eigenen organisatorischen Unterbau

17 Vgl. Riklin 2006, Kap. 3; Hueglin/Fenna ²2015, S. 77–85.

verfügte das Reich mit den Reichskreisen, die für Verteidigung nach außen zuständig waren, aber auch Aufgaben der Sicherheit und ›Wohlfahrt‹ im Innern wahrnahmen. Ihre territoriale Größe ließ sich mit frühzeitlichen Verwaltungsmitteln handhaben. Am besten funktionierten sie in Regionen mit kleinen und mittleren Herrschaften. Ihnen boten sie einen gewissen Schutz gegen die stets drohende Überwältigung durch die Großen. Dieses »System kollektiver Sicherheit« kam den Mindermächtigen zugute, da es den Status quo verteidigte und so die komplexe Vielfalt von Herrschaftsordnungen im Reich stabilisierte. Es bildete den Kern der föderativen Struktur des Alten Reiches.[18]

Der Föderalismus war auf Bewahrung der ständischen Rechte ausgerichtet, doch er machte das Reich und seine Glieder keineswegs unbeweglich. Wer allein im zentralisierten Machtstaat die Zukunft verbürgt sah, bewertete die Kleinen und Mindermächtigen als Ballast. Diese Sicht zieht sich bis in die Gegenwart. Doch die neuere Forschung zeichnet ein anderes Bild. Auch die Kleinen wagten Reformen. Sie organisierten sich untereinander in Grafenvereinen, Ritterorden und -kreisen, auf Prälaten- und Städtetagen. Sie haben das »Verstaatungspotential der Konfessionalisierung« zum Teil besser genutzt als Großstaaten, um einen konfessionell einheitlichen Untertanenverband zu schaffen. Die Nähe zwischen Obrigkeit und Untertanen auf engem Raum förderte den Landespatriotismus und erleichterte den Weg vom Untertanen zum Staatsbürger.[19] So verwundert es nicht, daß im 19. Jahrhundert die klein- und mittelstaatlichen Gebiete zu Hauptbastionen des Liberalismus und der organisierten deutschen

18 H. Carl: »Landfrieden und föderative Ordnung«, in: Willoweit 2019, S. 131–146, 133 (Zitat).

19 Vgl. Schnettger 2008, S. 633 (Zitat); Langewiesche 2007 (Beiträge von A. Schindling, P. Blickle, H. Duchhardt); Schindling/Merkle 2014.

Nationalbewegung wurden (Kap. 3). In diesen Räumen war die Idee der Föderativnation verankert, als das Ende des Alten Reiches zur »Massenkatastrophe« der Kleinen (W. Kaegi) geriet.

Die föderative Ordnung durchdrang nicht alle Teile des Reiches. Für das Spätmittelalter unterscheidet man königsnahe, königsoffene und königsferne Landschaften.[20] Das blieb im Grundsatz auch in der Frühen Neuzeit so. Der Reichslehnsverband reichte räumlich über das föderativ strukturierte engere Reich hinaus, das sich bis ins 16. Jahrhundert auf den oberdeutschen Raum konzentrierte. Dann erfaßte es auch zuvor königsferne Gebiete, doch es blieb in Bewegung. Etliche Gebiete gingen für das Reich verloren, wie Elsaß oder die Eidgenossenschaft. Andere wie Brandenburg-Preußen oder das in Personalunion mit dem Königreich Großbritannien verbundene Kurfürstentum Hannover-Braunschweig-Lüneburg wuchsen machtpolitisch aus dem Reich heraus. Dies gilt noch stärker für die Dynastie der Habsburger, die in der Neuzeit mit einer kurzen Ausnahme (1742–45) den Kaiser stellte. Doch am kaiserlichen Hof in Wien sprach man von »Ausländern aus dem Reich« oder fuhr »ins Reich«.[21]

Für dieses variable Reichsgebilde, das die Zeitgenossen »Deutschland« nannten, hat Georg Schmidt, die Quellensprache aufgreifend, den Begriff »komplementärer Reichs-Staat« geprägt. In ihm »organisierten – idealtypisch aufgefächert – das Reich Außenverteidigung und Rechtssystem, die Reichskreise Exekutionswesen und Infrastruktur, die Territorialstaaten Verwaltung und Disziplinierung der Untertanen.«[22] Dieser Deutung des frühneuzeitlichen

20 Vgl. Moraw 1989b, S. 175.

21 Stollberg-Rilinger [5]2018, S. 159.

22 G. Schmidt 1999, S. 44. Ders. 2009, S. 17 (Reich als »föderativ-zusammengesetzter Staat«).

deutschen Reiches als föderativem Mehrebenen*staat* ist die Forschung überwiegend nicht gefolgt. Doch auch konkurrierende Modelle, mit denen die Besonderheiten des Reichs erfaßt werden sollen, bestätigen die föderative Struktur, in der die Reichsglieder zusammenwirkten und auf unterschiedlichen Ebenen handelten.[23] Das Alte Reich war, so läßt sich die neuere Forschung abseits der Extrempositionen bilanzieren, ein föderativer Verband, in dem die staatlichen Aufgaben auf mehreren Ebenen wahrgenommen wurden. Das föderative Zusammenwirken war zum Teil hierarchisch, zum Teil genossenschaftlich geregelt.

Im 18. Jahrhundert schwächte sich der innere Zusammenhalt im Reich, weil die großen Staaten ihre eigenen Wege gingen.[24] Wie ausgehöhlt die Reichsordnung war, hat Barbara Stollberg-Rilinger an der »Symbolrevolution« gezeigt, die Joseph II. vollzog, als er die höfische Kleiderordnung sprengte. Die »Lesbarkeit der Welt war gefährdet«.[25] Dazu gehört auch das Ende der Belehnung der Reichsfürsten durch den Kaiser im späten 18. Jahrhundert. Das Reich als Lehnsverband erlosch. Doch trotz aller Schwächung, funktionslos wurde das Reich nicht. Seine Institutionen arbeiteten weiter, auch die beiden Reichsgerichte. Ihre Untertanenprozesse »vermitteln eine erste Ahnung zukünftiger Rechtsstaatlichkeit.«[26] Selbst in der

23 Vgl. Gotthard [4]2009, S. 2. Stollberg-Rilinger [5]2013 scheint nur interständische Zusammenschlüsse und Reichskreise als föderativ zu bewerten (S. 119). W. Reinhard: »Frühmoderner Staat und deutsches Monstrum«, in: *Zeitschr. f. Histor. Forschung* 29 (2002), S. 339–357, beharrt auf einem Staatsbegriff, der das Reich ausschließt und damit wohl auch Föderalismus im Reich. A. Kohler: »Das Heilige Römische Reich – ein Föderativsystem?, in: Fröschl 1994, S. 119–126, lehnt den Begriff ›Föderalismus‹ für das Reich ab, da es ein Lehnsstaat gewesen sei.

24 Vgl. G. Schmidt 2009; Duchhardt 1990.

25 Stollberg-Rilinger 2008, S. 285 f.

26 Willoweit 2013, S. 59.

machtpolitischen Konkurrenz zwischen Habsburg und dem aggressiven Aufsteiger Preußen – sie wurde nun militärisch ausgetragen und weitete sich im Österreichischen Erbfolgekrieg zum europäischen Krieg – bemühten alle Seiten das Reichsrecht. Preußen wie Österreich spielten auf der »Klaviatur des Reichspatriotismus«[27], solange es ihnen nützlich erschien. Für die Großen war das Reich zu einer Nutzenkalkulation im Interesse der Dynastie und ihres Staates geworden.

Die Bedrohung Alteuropas durch die Französische Revolution schien das Reich noch einmal dazu zu zwingen, gemeinsam zu handeln. Auch zuvor hatten Gefahren von außen – die Angriffe des Osmanischen Reiches und des französischen Königs – das Reich zusammenrücken lassen, Reichsheere waren aufgestellt und zeitweise durch eine allgemeine Steuer, den ›Gemeinen Pfennig‹, finanziert worden. Das hatte die ständisch-föderative ›Verstaatung‹ des Reiches vorangebracht. Dazu kam es jetzt ungeachtet aller Reformprojekte nicht mehr. Der Reichsdeputationshauptschluß von 1803, eine »deutsche Fürstenrevolution« mit französischer Hilfe,[28] vernichtete vollends die Grundlagen des Reiches. Mit der Herrschaftssäkularisation verschwand die geistliche Staatlichkeit, die zu den zentralen Merkmalen des Reiches gehörte; der Mediatisierung fielen die meisten Reichsstädte und die Ritterschaften zum Opfer. Sie alle verloren ihr schützendes Dach, als die Reichsfürsten das Reich aufgaben und mit Napoleon Beutegemeinschaften schlossen, die in den kurzlebigen, aber wirkmächtigen Rheinbund führten. Als Franz II. 1806 die Kaiserkrone des Reiches niederlegte, nachdem er sich zuvor eine österreichische aufgesetzt hatte, erlosch das Reich

27 Stollberg-Rilinger [5]2018, S. 158.
28 Burgdorf 1998 (Zitat, S. 254).

auch formell. Nicht aber seine Wirkung auf die künftige Gestaltung Deutschlands.

Der Deutsche Bund – entwicklungsoffen, föderativ, mehrstaatlich

Wie das Alte Reich in seiner Gestalt von 1648 war der Deutsche Bund (1815–66) ein Kriegsgeschöpf, dessen Verfassung auf einem europäischen Kongreß ausgehandelt und völkerrechtlich sanktioniert wurde. Dies genügte, um ihn im Rückblick zu verurteilen. Heinrich von Treitschke, der resonanzmächtigste Sprecher im nationalstaatlichen Verdammungschor, bewertete die Bundesakte als »die unwürdigste Verfassung, welche je einem großen Kulturvolke von eingeborenen Herrschern auferlegt worden ward«, noch »kläglicher als das Gebäude des alten Reichs«.[29] Die heutige Forschung sieht das anders, wenngleich nicht einheitlich.[30] Uneinig ist man sich vornehmlich über die Reformfähigkeit des Deutschen Bundes, weniger wie seine Staatsform einzuschätzen ist. Beides verbindet sich mit der Frage, wie der Deutsche Bund zur deutschen Nation stand (Kap. 3).

---

29 Zitiert nach der Einleitung (S. XIf.) von Eckhardt Treichel in Bd. I,1/1 (2000) der grundlegenden Edition *Quellen zur Geschichte des Deutschen Bundes*.

30 Vgl. Müller 2005, 2006, 2018; Siemann 1994, ²2016; Gruner 2012; Doering-Manteuffel ³2010; Langewiesche 2000, 2008a, 2012; Stauber 2014, Kap. 6; ders.: »Föderative Staatlichkeit in der Mitte Europas. Zur Entstehung des Deutschen Bundes«, in: Willoweit 2019, S. 215–235; ders.: »Der Deutsche Bund als föderative Ordnung in der Mitte Europas«, in: Müller 2018, S. 31–57; A. Fahrmeir: »Innere Nationsbildung im 19. Jahrhundert. Der Deutsche Bund im internationalen Vergleich«, in: ebd., S. 207–224.

Im Rückblick haben viele den Deutschen Bund als eine verpaßte Chance zum deutschen Nationalstaat gesehen. Sie gab es nicht. Die nationalen Emotionen, die in den Kriegen gegen Napoleon oder an seiner Seite aufkamen, haben weder die staatliche Kriegspolitik bestimmt noch die Friedensschlüsse beeinflußt, wenngleich die Monarchen die Emotionen nutzten, um die Bevölkerung kriegsbereit zu stimmen. Schon bevor der Wiener Kongreß zusammentrat, stand fest: das neue Deutschland würde auch in Zukunft ein mehrstaatliches sein. »Les Etats de l'Allemagne seront indépendans et unis par un lien fédératif«.[31] In welcher Form dieser Artikel des Pariser Friedens (1814) und ähnliche Bestimmungen in den antinapoleonischen Bündnisverträgen politisch umgesetzt werden sollten, wie das föderative Band gestaltet würde, blieb offen. Doch zweierlei stand fest: Die ›territoriale Revolution‹, die mit dem Ende des Alten Reiches einherging, wird nicht zurückgenommen. Und die Staaten, die diesen Umbruch überlebt hatten, kommen unter ein föderatives Dach. Weder ein nationaler Einheitsstaat noch eine unverbundene Ansammlung souveräner Einzelstaaten stand unter den europäischen Großmächten und den deutschen Fürsten zur Debatte.

Die staatliche »Verdichtung«, die seit dem Mittelalter das Reich und die Territorialstaaten umgestaltet hatte, erfuhr nun einen enormen Schub in zwei Richtungen. Zum einen sank die Zahl der autonomen oder teilautonomen Gebiete drastisch. Gegen Ende des Alten Reiches waren es noch über dreihundert, der Deutsche Bund umfaßte bei seiner Gründung nur noch 38 Mitglieder. Die großen Gewinner waren Preußen und die Mittelstaaten wie Bayern und Württemberg, deren Fürsten sich gerade noch rechtzeitig von Napoleon lösten, dessen Kriegen sie Rang-

31 Erster Pariser Frieden (30.5.1814), in: *Quellen zur Geschichte des Deutschen Bundes*, Bd. I/1), S. 158.

erhöhung und erheblichen Gebietszuwachs verdankten. Zum anderen kam es in der Übergangsphase zwischen Altem Reich und Deutschem Bund in Preußen wie in den Rheinbundstaaten zu einem Reformschub von oben, um den Staat leistungsfähiger zu machen und gewonnene Gebiete zu integrieren. Die Vielfalt der ständischen Ordnungen wurde eingeebnet, der Staat wurde einheitlicher. Dieser Modernisierungsakt, den die Betroffenen meist als Rechtsbruch empfanden, stand nicht mehr zur Disposition. Alle gegenteiligen Hoffnungen der vielen Verlierer bei der Auflösung der alten Ordnungen zielten ins Leere. Das neue Deutschland ging aus Kriegen hervor, nur Kriege hätten seine Gestalt ändern können. Dazu waren die Fürsten nicht bereit und materiell auch nicht fähig.

Für das föderative Band, nach dem man suchte, stand in der Tradition politischen Denkens und Handelns die Vorstellung des Bundes bereit. Was darunter zu verstehen sei, blieb deutungsoffen. Dies gilt ebenso für ›Föderalismus‹.[32] Auch deshalb war die konkrete Ausgestaltung außerordentlich umstritten. Alle Versuche vor allem Preußens, den Bund zur eigenen Machtsteigerung unitarisch zu ordnen, indem er einer österreichisch-preußischen Doppelherrschaft unterstellt und im Innern nach Kreisen geordnet würde, scheiterten. Es war Metternich, der eine staatenbündische Lösung durchsetzte. Wolfram Siemann nennt ihn deshalb den »Gründungsvater des Deutschen Bundes«.[33] Eine gewichtige Rolle spielten auch die Mindermächtigen, die in der Reichstradition sich vereint allen Plänen widersetzten, sie von der Mitsprache auszuschließen. Schließlich einigte man sich auf einen Staatenbund mit bundesstaatlichen Elementen. Das ist eine rückblickende Einschätzung.

32 Vgl. R. Koselleck: »Bund«, in: *Geschichtliche Grundbegriffe*, Bd. 1, Stuttgart 1972; Auderset 2016, Kap. 4.

33 Siemann ²2016, S. 517.

Den Zeitgenossen stand diese Begrifflichkeit nicht zur Verfügung. Sie klärte sich erst bis gegen Mitte des 19. Jahrhunderts.

Die Bundesakte spricht von »Deutschland«, dessen »souveräne Fürsten« und »Freie Städte« sich zu einem »beständigen Bunde« »vereinigen« mit dem Ziel, die »Sicherheit und Unabhängigkeit Deutschlands und die Ruhe und das Gleichgewicht Europas« zu ermöglichen. Dies war ein ungemein anspruchsvolles Programm angesichts der gerade überstandenen napoleonischen Kriegsära, in der das ›alte Deutschland‹ unterging und Kontinentaleuropa zu einem französisch beherrschten Imperium zu werden drohte. Wie das Alte Reich war auch der Deutsche Bund ausschließlich auf Verteidigung angelegt, aber mit strengerer Bündnispflicht. Einem Bundeskrieg zum Schutz von Mitgliedern durfte sich niemand entziehen. Allerdings nur, wenn es um Bundesgebiet ging. Habsburg und Preußen gehörten nur mit einem Teil ihrer Territorien zum Bund, an dem auch ausländische Monarchen mitwirkten, weil sie Gebiete im Bundesgebiet besaßen. Sie konnten Kriege führen, ohne daß der Bund eingreifen mußte. Auch dies stand in der Reichstradition. Ebenso die Zurückhaltung gegenüber den inneren Angelegenheiten der Mitglieder, vor allem auch in Religionsfragen. Die rechtliche Stellung der Juden wurde deshalb nicht staatenübergreifend geregelt. Was unter »Landständischer Verfassung«, die alle Bundesstaaten einführen sollten, zu verstehen sei, blieb der Zukunft überlassen.

Die Bundesakte bestätigte einen Kompromiß, mit dem einer der tiefsten Umbrüche in der Staatenordnung Europas völkerrechtlich geregelt wurde. Was aus der »Souveränität« der deutschen Fürsten entstehen und wie sich das föderative Band institutionell und machtpolitisch entwickeln würde, mußte die Zukunft zeigen. Die Wiener Schlußakte von 1820, welche die Bundesakte ergänzte, verschob die Verfassung ins Konservative.

Diese Ordnung läßt sich als Exekutivföderalismus verstehen. Er war obrigkeitlich, aber nicht restaurativ.[34] Der Bund entwickelte sich unter habsburgischer und preußischer Dominanz in den 1820er und 30er Jahren zu einem Bollwerk gegen verfassungspolitischen Wandel. Obwohl sich dies in den 40er Jahren lockerte und die Mehrstaatlichkeit für Schlupflöcher in der deutschen Reaktionslandschaft sorgte, wurde der Bund in der liberalen Öffentlichkeit zum Synonym für politische Reformverweigerung. Als er sich 1848 zu Beginn der Revolution unerwartet als Reformplattform anbot, war es für ein Bündnis mit der liberal-nationalen Bewegung zu spät. Sie setzte nun auf die neuen nationalen Institutionen, die aus Wahlen hervorgingen (Kap. 3). Der Bund erlosch faktisch und wurde erst nach der Revolution wiederbelebt.

Restaurativ im Wortsinn handelte der Deutsche Bund zu keiner Zeit. Der Bundes-Föderalismus stand zwar in der Tradition des Alten Reiches, doch auf dessen Wiederherstellung zielte er nicht. Es ging vielmehr darum, die deutschen Staaten, die aus der ›territorialen Revolution‹ hervorgegangen waren, in eine politische Ordnung einzufügen, die Sicherheit aller im Innern und nach außen mit möglichst viel einzelstaatlicher Autonomie verband. Alle erhielten eine Bestandsgarantie. Auch die Kleineren. Zudem sollten die Großen sie nicht majorisieren können. Das versprach die Bundesakte. Das machtpolitische Übergewicht Österreichs und Preußens konnte sie allerdings nicht verhindern. So verband sich staatenbündische Mehrstaatlichkeit mit einem hegemonialen Föderalismus, der jedoch rechtlich auf Mehrheiten in der Bundesversammlung und faktisch auf die Kooperation Österreichs und Preußens angewiesen war. Diese komplexe föderative Verfassungskonstruktion, die auf Bundesebene keine

34 Nipperdey 1986, S. 69, nannte ihn obrigkeitlich und restaurativ.

Mitwirkung des ›Volkes‹ vorsah, setzte der Reaktion im Bund ebenso Grenzen wie seiner Fähigkeit zur politischen Reform.

Wirtschaftspolitisch blieb der Deutsche Bund in seiner ersten Phase bis zur 48er Revolution weitgehend handlungsunfähig. Wie im Alten Reich zwischen Reichsebene und Reichsgliedern weitere Organisationen entstanden, ohne die der institutionelle Mechanismus wohl nicht funktioniert hätte, so auch im Deutschen Bund. Hier ging es darum, das politische Band handelspolitisch zu ergänzen. Dem dienten die Zollvereinigungen, die innerhalb des Bundes entstanden und 1834 in den preußisch dominierten Deutschen Zollverein mündeten.[35] Er bildete eine föderative Klammer, die in der Bundesverfassung nicht vorgesehen war, durch sie aber nicht verhindert wurde. Auch hier erwies sich der Bund als offen für neue Entwicklungen. Er vermochte sie jedoch nicht zu steuern. Die Rivalität zwischen den beiden deutschen Vormächten konnte der Bund wirtschaftspolitisch nicht einhegen, denn Österreich verharrte außerhalb des zollpolitisch vereinten Deutschlands. Österreich war, wie 1852 ein Zollvereinsbeamter notierte, »für den Verkehr der anderen deutschen Staaten ein völliges Fremdland« geworden.[36] Preußens Führungsrolle im Zollverein fällte jedoch keine Vorentscheidung zugunsten des kleindeutschen Nationalstaates ohne Österreich von 1871. Er ging aus Kriegen hervor. Doch mit dem Zollverein erhielt der Bundes-Föderalismus eine wirtschaftspolitische Ebene, die für die innere Nationsbildung bedeutsam war (Kap. 3). An ihr hatte der Staat, der den Vorsitz in der Bundesversammlung führte, keinen Anteil.

35 Vgl. Hahn 1984.

36 Zit. nach: M. Kreutzmann: *Die höheren Beamten des Deutschen Zollvereins*, Göttingen 2012, S. 220.

Als die Revolution 1849 mit ihrem Versuch gescheitert war, das staatenbündische Deutschland mit seinem obrigkeitlichen Föderalismus in einen föderativen Bundesstaat mit parlamentarischen Monarchien zu überführen, suchte 1850 zunächst Preußen mit seinem Unionsprojekt einen kleindeutschen, vielleicht auch nur norddeutschen Bundesstaat mit Parlament zu erreichen.[37] Als diese ›Revolution von oben‹ am Widerstand Österreichs scheiterte, wurde der Deutsche Bund wiederbelebt. Doch die Revolution zeigte Wirkung. Die Mitgliedsstaaten suchten den Bund nun gründlich zu reformieren. An den Debatten beteiligte sich die mediale Öffentlichkeit intensiv.[38] Zu einer Einigung kam es nicht, die Entwicklungsperspektiven waren zu unterschiedlich. Vor allem Württemberg und Sachsen forderten ein Nationalparlament. Der württembergische König verband es jedoch mit der Erwartung, die »Kleinstaaterei« zu beseitigen, indem die Kleineren mit den mittleren und großen in »einer oder anderen Form verbunden« werden sollten. Sein Appetit auf Vergrößerung war noch nicht gestillt. Es blieb aber beim Verständnis des Deutschen Bundes als einer »föderative[n] Vereinigung souveräner Regierungen«.[39]

Formell änderte sich nichts, doch der Deutsche Bund wurde nach einer Reaktionsphase zu einer Institution, in der die Delegierten der Mitgliedsstaaten intensiv über die künftige Gestalt Deutschlands nachdachten und auch wichtige Neuerungen auf den Weg brachten. Zu ihnen gehörte das Allgemeine Deutsche Handelsgesetzbuch von 1861 und weitere Gesetzesvorlagen, die in der Zeit des Bundes nicht mehr umgesetzt wurden, es jedoch dem

37 Vgl. Mai 2000. Zur Politik seit 1849 mit Einschluß Österreichs Lenger 2003, S. 258 ff.

38 Vgl. Müller 2005, 2006.

39 *Quellen zur Geschichte des Deutschen Bundes* III, 1–2, bearb. v. J. Müller, München 1966, Zitate S. 9, 449.

Norddeutschen Bund und dann dem Deutschen Reich ermöglichten, in schneller Folge Gesetze zu verabschieden, mit denen das neue Deutschland vereinheitlicht wurde. Der Deutsche Bund wurde so zu einem Motor der inneren Nationsbildung (Kap. 3). Doch politisch scheiterte er mit seinen Reformversuchen.

Den wichtigsten unternahm 1863 Österreich auf dem Frankfurter Fürstentag.[40] Es wurde mit großer Mehrheit eine Reformakte verabschiedet, die ein Bundesdirektorium und ein Bundesgericht vorsah. Der Bund wäre handlungsfähiger geworden, und mit dem vorgesehenen Parlament aus Delegierten der einzelstaatlichen Abgeordnetenkammern wäre auch der Einstieg in eine parlamentarische Nationalrepräsentation gelungen. Der staatenbündische Charakter des Deutschen Bundes hätte überdauert, doch die föderativen Mechanismen wären verstärkt worden. Dazu hätten auch das Bundesgericht und vor allem das Parlament beigetragen, dessen Delegierte über ein freies Mandat verfügen sollten.

Wohin dieser reformierte Deutsche Bund sich entwickelt hätte, können wir nicht wissen. Preußens Verweigerung unter dem neuen Ministerpräsidenten Bismarck gab ihm keine Zukunft. Ausgerechnet Bismarck, der mit dem preußischen Abgeordnetenhaus den Verfassungskonflikt austrug, setzte dem österreichischen Reformplan ein Angebot entgegen, das die nationale Öffentlichkeit zum großen Teil auf seine Seite zog: ein Nationalparlament, das aus direkten Männerwahlen hervorgehen sollte. Letztlich entschied jedoch nicht die Art der nationalpolitischen Reformpläne, welche die konkurrierenden deutschen Großmächte vorlegten, sondern der Bundeskrieg, den sie mit den an-

40 Vgl. Müller 2005, 2006; H.-H. Brandt: »Der österreichische Reformplan für den Deutschen Bund von 1863«, in: Willoweit 2019, S. 237–269.

deren Mitgliedsstaaten 1866 gegeneinander führten. Mit dem preußischen Sieg endete der Deutsche Bund, und die Mehrstaatlichkeit der deutschen Föderativnation wurde auf den Süden begrenzt. Mit dem Norddeutschen Bund und ab 1871 mit dem Deutschen Reich begann etwas gänzlich Neues in der deutschen Geschichte: der föderative Bundesstaat, nachdem der erste Anlauf 1849 gescheitert war.

Der Bundesstaat brach mit der Reichstradition. Wie immer man das Alte Reich und seine Staatlichkeit charakterisieren will, ein Bundesstaat war es nicht. Auch sein ständischer Föderalismus war anderer Art als der bundesstaatliche. Er ermöglichte das Zusammenwirken von Reichsgliedern, die sich nach Macht und politischen Handlungsmöglichkeiten kaum vergleichen lassen. Doch als Reichsstände besaßen sie einen Status, den auch der Große nicht aushebeln konnte. Die einzelne Person hingegen trat nur selten in eine unmittelbare Beziehung zum Alten Reich. Nur als Bürger einer Reichsstadt oder als Kläger vor einem Reichsgericht war der Einzelne mit dem Reich lebensweltlich verbunden. Im Deutschen Bund gab es selbst dieses nicht mehr. Zwischen dem Einzelnen und dem Bund bestand keinerlei direkte Beziehung. Ein Bundesparlament hätte sie geschaffen; es kam nicht zustande. Im fehlenden Durchgriff des Bundes auf die Bürger der Mitgliedsstaaten lag nationalpolitisch seine strukturelle Schwäche. Die späten Reformen zur partiellen Vereinheitlichung zwischen den Mitgliedsstaaten konnten sie nicht mindern, denn an diesen Reformen durften sich die Bürger nicht beteiligen. Der Föderalismus des Deutschen Bundes blieb ein bürgerferner, partizipationsverwehrender Exekutivföderalismus. Dies hatten schon Zeitgenossen als ein zentrales Problem erkannt, als sie den Deutschen Bund mit den USA verglichen.[41]

41 Vgl. Auderset 2016, S. 122.

Der Nationalstaat der 48er Revolution hätte den Föderalismus der Exekutive ergänzt durch einen parlamentarisch-bürgerschaftlichen. Der wiederbelebte Deutsche Bund verweigerte sich dieser Reform, die neue Entwicklungsmöglichkeiten eröffnet hätte. In den Einzelstaaten boten die Landtage zumindest begrenzte Möglichkeiten zur bürgerlichen Teilhabe am Staat, auf Bundesebene gab es sie nicht. Diese Bürgerferne der obersten Ebene von Staatlichkeit in Deutschland – eine Tradition, die das Alte Reich mit dem Deutschen Bund verbindet – beendete dauerhaft erst der Nationalstaat von 1871. Er nannte sich zwar Deutsches Reich, um sich als legitimes Geschöpf der Geschichte auszuweisen, doch seine bundesstaatliche Konstruktion brach mit der Reichs- und der Bundesgeschichte. Das neue Reich war etwas gänzlich anderes als das Alte Reich. Auch der Föderalismus änderte sich. Doch er stand für Kontinuität im Umbruch. Das hat viele, die den Nationalstaat in dieser Gestalt nicht gewollt haben, mit ihm versöhnt. Davon handelt Kapitel 4.

3. Einheit der deutschen Nation: Konzepte des 19. Jahrhunderts

Revolution 1848/49 – föderativer Nationalstaat, deutsche Staatsnation, das Problem Österreich

In der Revolution von 1848/49 entstand erstmals ein deutscher Nationalstaat. Er kam unerwartet. Denn bis dahin hatten die Fürsten alle Bestrebungen, den Deutschen Bund für bürgerschaftliche Mitwirkung zu öffnen, strikt abgelehnt. Als jedoch die europäische Revolutionswelle nach ihrem Erfolg im Februar 1848 in Paris auch die deutschen Staaten erfaßte, stellten ihr die Fürsten zunächst kaum Widerstand entgegen.[1] Sie schienen den Weg freizugeben zur gründlichen Reform ihrer Staaten und zu einem deutschen Nationalstaat. Deshalb machte die Revolution in Deutschland überall vor den Thronen halt. Ihre zentralen Ziele schienen auch ohne Fürstensturz in Erfüllung zu gehen – eine bekrönte Revolution: in den Einzelstaaten und im Nationalstaat, dem die Nationalversammlung ein kaiserliches Haupt aufsetzen wollte.

Alles war anders als 1815. Damals waren es Monarchen und ihre Beauftragten, die nach einer Ära von Revolution und Krieg, in der das alte Europa unterging, den Deutschen Bund schufen und seine Verfassung vereinbarten. Repräsentanten der Bevölkerung waren daran nicht beteiligt. 1848 konstituierten in der Anfangsphase einer milden Revolution gewählte Abgeordnete die Frankfurter Nationalversammlung, setzten eine provisorische Zentralgewalt ein mit einem Fürsten an der Spitze und verabschiedeten schließlich nach langen, intensiven Beratungen 1849 eine Verfassung. Sie sah ein kompetenzstarkes Deutsches Reich vor, dessen Institutionen den Vorrang vor den Mitglieds-

1 Europäischer Überblick: Dowe/Haupt/Langewiesche 1998.

staaten beanspruchten. Reichsrecht bricht einzelstaatliches Recht, lautet eine Grundregel dieser Verfassung. Zudem konnte die Reichsgewalt Aufgabenbereiche, die weiterhin bei den Staaten liegen würden (wie die Verkehrsinfrastruktur), an sich ziehen. Das Hauptgewicht der Zukunftsgestaltung durch den Staat sollte künftig bei den Institutionen des Reiches liegen. Ein Neben- oder Gegeneinander von Staats- und Wirtschaftspolitik, wie es beim Deutschen Bund und Zollverein der Fall war, würde es nicht mehr geben.

Der neue Nationalstaat verhieß als Bundesstaat einen Bruch mit der deutschen Geschichte der Mehrstaatlichkeit unter dem Dach des Reiches und dann des Deutschen Bundes. Doch in diesem Bruch sorgte der Föderalismus für Kontinuität, wenngleich er nun erneut umgestaltet werden mußte, Für das föderative Zusammenspiel im künftigen Nationalstaat sah die Verfassung drei Ebenen vor – die gouvernementale, die parlamentarische und die gemeindliche. In das nationale Parlament wurde das föderative Prinzip institutionell eingebaut. Neben das Volkshaus, das aus demokratischen Männerwahlen hervorgehen sollte, trat als zweite Kammer das Staatenhaus, dessen Mitglieder je zur Hälfte von den Regierungen (nicht den Fürsten) und den einzelstaatlichen Parlamenten entsandt werden sollten. Einen demokratischeren Staat, als ihn die Paulskirchenverfassung vorsah, gab es damals (und lange danach) in Europa nicht.

Das Deutsche Reich – so nannte sich der neue Staat, um sich als legitimer Nachfolger des Heiligen Römischen Reiches und des Deutschen Bundes auszuweisen – war dabei, die Mehrstaatlichkeit in eine neue Form von Föderalismus zu überführen. Es sollte einen Kaiser erhalten – wie das Alte Reich, nun aber erblich, wie es bis dahin nur in den Einzelstaaten der Fall war, die mit ihren monarchischen Häuptern als Glieder des Bundesstaates fortbestehen sollten.

Der neue bundesstaatliche Föderalismus würde kein bloßer Exekutivföderalismus wie im Deutschen Bund sein, sondern im Reich, in den Staaten und Gemeinden eine parlamentarische Ergänzung erhalten. Mit dem Reichsgericht trat noch eine justizielle hinzu. Diese neue Verfassungsstruktur in politisches Leben zu überführen, hätte sicherlich zu Konflikten geführt, denn die Verfassung ließ vieles offen. Auch sie entstand, wie die Bundesakte von 1815, als ein Kompromiß, der auf Entwicklung angelegt war. Nun jedoch in Richtung Dominanz der obersten Staatsebene und generell der Parlamente. Es zeichnete sich ein bürgerschaftlich-partizipativer Föderalismus ab, nicht mehr konservativ, sondern liberaldemokratisch ausgerichtet. Die Fürsten sollten ins zweite Glied rücken.

1848 begann sich auf Reichsebene bereits ein parlamentarisches Regierungssystem einzuspielen, obwohl die Verfassung dies nicht vorsah. Das (provisorische) Reichsoberhaupt, der sog. Reichsverweser, setzte zwar die Regierung ein, doch als sie den Rückhalt in der Nationalversammlung verlor, wurde eine neue gemäß den Mehrheitsverhältnissen im Parlament gebildet. In etlichen Einzelstaaten setzte sich dieser Parlamentarismus ebenfalls durch, und generell schrieb die Reichsverfassung homogene politische Ordnungen im Nationalstaat vor. Künftig hätten sich die einzelstaatlichen Fürsten damit abfinden müssen, zum parlamentarisch gezähmten Monarchen ›abzusteigen‹, zumal sie ihre stärkste Stütze, das Militär, verloren hätten. Es sollte auf das Reich vereidigt werden, das eine gemeinsame Wehrverfassung erlassen und im Krieg die gesamte militärische Leitung ernennen würde.

Die neue Verfassung übertrug den Reichsinstitutionen die politische Führung, doch sie machte das Reich nicht zu einem unitarischen Staat. Die Einzelstaaten blieben bestehen mit allen Rechten, die nicht ausdrücklich auf das Reich übergingen, und sie behielten ihre Institutionen, vom Fürsten über die Bürokratie, die Kirchen und Gemeinden bis zu den Parlamenten. Auch ihr Militär sollten sie behalten, wenngleich organisatorisch vereinheitlicht und im Krieg unter Reichsbefehl. Die föderative Gestalt Deutschlands hätte sich verändern müssen, weil erstmals demokratisch legitimierte zentrale Institutionen entstanden. Doch trotz dieses Zentralisierungsschubs – das neue Deutschland wäre ein föderatives Gebilde geblieben. Die Einzelstaaten samt ihren Institutionen und ebenso die Bürger hätten sich in gänzlich neue Beziehungen zum Reich einleben müssen. Was daraus entstanden wäre, können wir nicht wissen. Denn das neue Reich überlebte die Revolutionszeit nicht, da die beiden mächtigsten Staaten, Österreich und Preußen, auf je eigene Weise und aus je eigenen Gründen sich dem Werk der Frankfurter Nationalversammlung verweigerten und die Revolution militärisch niederschlugen.[2] Auch das bundesstaatliche Reich von 1871 gibt keine Auskunft, wie sich der 48er Nationalstaat wohl entwickelt hätte, denn 1871 erhielt die Monarchie im Reich wie in den Einzelstaaten eine weitaus einflußreichere Position zu Lasten der Parlamente. Die nationalstaatliche Hoffnung der 48er Revolution, wie sie in der Paulskirchenverfassung dokumentiert ist, erfüllte der Staat von 1871 durchaus. Nicht aber ihre Hoffnung auf die Führungsrolle der Parlamente gegenüber der Monarchie.

Es gibt aber auch eine Problem-Kontinuität zwischen der gescheiterten Nationalstaatsgründung von 1848 und der gelungenen von 1866/1871. Auch sie bezeugt die Prägekraft des Alten Reiches weit über dessen Ende hinaus. Was sollte mit Österreich geschehen? Die alte deutsche Kaisermacht war ein multinationales Gebilde, und ein großer Teil ihres Territoriums gehörte nicht zum Deutschen

2 Überblicke ebd.; Siemann [5]1993.

Bund. Aus dessen Gebiet bestand der neue Nationalstaat. Mit dieser Bestimmung setzte die Paulskirchenverfassung ein (§ 1). Doch es gab noch einen anderen Verfassungstext, der ebenfalls Gebiete beanspruchte, die bislang dem Deutschen Bund zugehörten. Ihn hat der österreichische Reichstag ausgearbeitet. Sein Paragraph 1 lautet: »Das Kaiserthum Oesterreich ist eine untheilbare constitutionelle Erbmonarchie.« Die deutsche und die österreichische Nationalversammlung konkurrierten also in ihren Verfassungen um Bundesgebiete. Zu einem Konflikt zwischen ihnen kam es jedoch nicht. Beide beschieden sich in das, was ihnen politisch möglich schien. Der österreichische Reichstag verzichtete darauf, die ungarische Reichshälfte und die oberitalienischen Gebiete der Habsburgermonarchie in seinen Verfassungsentwurf einzubeziehen, da beide nicht im Reichstag repräsentiert waren und auf je eigene Nationalstaaten zugingen. Die deutsche Nationalversammlung stimmte mit knapper Mehrheit einem Verfassungsartikel zu, der die Entscheidung über die umstrittenen Bundesgebiete der Zukunft überließ. »So lange die deutsch-österreichischen Lande an dem Bundesstaate nicht Theil nehmen«, werden ihre Plätze im Staatenhaus des neuen Deutschen Reiches auf andere Mitgliedsstaaten verteilt (§ 87).

Beide Nationalversammlungen legten föderative Verfassungen vor, beide wollten starke Parlamente auf Reichsebene und in den Staaten bzw. Ländern und auch starke Gemeinden. Der österreichische Verfassungsentwurf lief auf einen Nationalitätenstaat zu, der deutsche auf einen Nationalstaat. Im neuen Österreich sollten die Nationalitäten innerhalb der historischen Länder Selbstverwaltungskreise erhalten, im neuen Deutschland wurde den »nicht deutsch redenden Volkstämmen« kulturelle Autonomie und sprachliche »Gleichberechtigung« in allen Verwaltungsbereichen zugesichert (§ 188).

Wie sich die deutsche und die österreichische Geschichte entwickelt hätte, wenn diese beiden Verfassungstexte von den Monarchen angenommen worden wären, ist ungewiß. Verfassungen sind politische Gestaltungsaufträge, sie legen nicht fest, was politisch geschehen wird. Das hängt von den Machtverhältnissen ab. Doch beide Texte dokumentieren, daß die Idee ›deutsche Nation‹ sich änderte, als sie in der Revolutionszeit erstmals zur politischen Gestaltungskraft wurde. Die mehrstaatliche deutsche Nation, wie sie sich im Alten Reich und im Deutschen Bund als Idee herausgebildet hatte, wäre im Deutschen Reich, das die 48er Revolution erschaffen wollte, zur Staatsnation geworden. Wie schwer es ihr fiel, auf die Nationsgenossen jenseits der Grenze zu verzichten, zeigen die Debatten in der Paulskirche und in der politischen Öffentlichkeit. Der Ausweg eines engeren (deutscher Nationalstaat) und eines weiteren Bundes mit der Habsburgermonarchie, auf den die Paulskirche mehrheitlich hoffte, widerstrebte der Entwicklung zur deutschen Staatsnation und auch zum habsburgischen Nationalitätenstaat. Eine deutsche Staatsnation, die in ihrem Parlament Sitze für ein Deutsch-Österreich vorhielt, das überwiegend nicht-deutsch besiedelt war und einem anderen Staat angehörte, wäre zu einer Belastung für alle Seiten geworden.

Der deutsche Bundesstaat, den die Frankfurter Nationalversammlung erschaffen wollte, ging den meisten der deutschen Fürsten in der Abkehr vom monarchischen Prinzip zu weit. Zwar anerkannten April 1849 29 Staaten die Verfassung, doch alle deutschen Könige lehnten es ab, sie zu unterzeichnen. Sie verweigerten sich ihrer Entmachtung. Unter dem Druck der zweiten Revolutionswelle, die 1849 auf eine unitarische deutsche Republik zuzulaufen schien, entschloß sich zwar der württembergische König, die Reichsverfassung als kleineres Übel doch noch anzuerkennen, aber es entschied die Verweigerung der beiden deutschen Großmächte.[3] Sie schlugen die Revolutionen in Deutschland und in der Habsburgermonarchie – hier mit russischer Waffenhilfe – militärisch nieder. Doch zu einer Entscheidung über das Problem Österreich in der deutschen Geschichte kam es damals noch nicht. Das Werk der Paulskirche scheiterte zwar an Preußen und Österreich, beide Staaten konnten sich jedoch nach der Revolution mit ihren gegensätzlichen Vorstellungen zum Deutschland der Zukunft nicht durchsetzen. Als Ausweg wurde der Deutsche Bund wiederbelebt. Die vertagte Entscheidung fiel 1866 im Bundeskrieg; der Krieg gegen Frankreich bestätigte sie. Der deutsche Nationalstaat entstand ohne Österreich.

Die deutsche Nationalbewegung der Revolutionsjahre stimmte ganz überwiegend dem Werk ihrer Nationalversammlung zu. Unzufrieden waren neben denen, die den eigenen Staat und seine Monarchie über alles stellten, vor allem die Republikaner. Doch sie blieben eine Minderheit, die meist auf einen zentralisierten Staat hoffte. Das hätte eine radikale Revolution erfordert. Denn das neue republikanische Deutschland hätte die Staaten zerschlagen und eine neue Raumordnung schaffen müssen. Die große Mehrheit suchte jedoch nach einer Form nationaler Einheit, die sich mit den Fürsten verwirklichen ließ und in die geschichtliche Tradition einfügte. Der Nationalstaat gehörte allerdings nicht zu dieser Tradition. Bis über die Mitte des 19. Jahrhunderts hinaus war nicht einmal das Wort ›Nationalstaat‹ im deutschen Sprachgebrauch geläufig. Erstmals nachgewiesen wurde es bislang in einer Publikation von 1842, doch selbst die Nationalliberalen benutzten es in der

3 Zur Endphase der Revolution K. Seidl: »Gesetzliche Revolution« im Schatten der Gewalt. Die politische Kultur der Reichsverfassungskampagne in Bayern 1849, Paderborn 2014; M. Schattkowsky (Hg.): *Dresdner Maiaufstand und Reichsverfassungskampagne 1849*, Leipzig 1999.

Revolutionszeit und in den ersten Jahren danach nicht.[4] Es gab zwar zahlreiche Komposita mit ›Nation‹, und in der Revolution nahmen sie zu. Doch eine Wortverbindung mit ›Staat‹ blieb der deutschen Sprache noch fremd. Das verweist darauf, wie offen die Forderung nach nationaler Einheit damals noch hinsichtlich der Staatsform war. Mit nationaler Einheit mußte nicht nationalstaatliche Einheit gemeint sein. Erst die 48er Revolution zwang dazu, sich zu entscheiden. Die frühere Bedeutungsoffenheit von ›Einheit der Nation‹, die von Staatenbund über Bundesstaat bis Zentralstaat reichte, konnte nicht beibehalten werden, wenn es darum ging, einen deutschen Nationalstaat zu gründen. Die Nationalversammlung hat sich entschieden. Wie sich in dem föderativen Bundesstaat die Beziehungen innerhalb der starken Zentralgewalt – Parlament, Regierung, Kaiser –und zu den Einzelstaaten entwickelt hätten, wenn die Sondersituation der Revolution überstanden war, hätte nur die Zukunft zeigen können.

Daß in einem deutschen Nationalstaat eine deutsche Staatsnation entstanden wäre, wird man annehmen dürfen. Ethnogenese folgt der Herrschaftsbildung, die Gestalt der Nation folgt der Gestalt ihres Staates. Dieser Zusammenhang zieht sich durch die europäische Geschichte und ebenso durch die deutsche Reichsgeschichte. Die Revolution 1848/49 war eine tiefe Zäsur in dieser Geschichte, indem sie die überkommene deutsche Mehrstaatlichkeit in einen Bundesstaat überführen wollte. Föderative Nation bedeutete nun nicht mehr mehrstaatliche Nation, sondern verwandelte sich in nationalstaatlichen Föderalismus. Wie das geschah, wird im nächsten Kapitel an den Entwicklungen seit 1871 verfolgt. Zunächst sollen die Jahrzehnte vor

4 Vgl. P.A. Pfizer: *Gedanken über Recht, Staat und Kirche*, Stuttgart 1842, S. 228; U. von Hirschhausen: *Liberalismus und Nation. Die Deutsche Zeitung 1847–1850*, Düsseldorf 1998, S. 122 f.

und auch nach 1848 betrachtet werden, um zu erkennen, was man damals unter ›Deutschland‹ und ›deutsche Nation‹ verstand. Und wie sie institutionell auftraten.

Reichsnation und Föderativnation, Staatsformen, Nation als Herrschaftsverdichtung

Wie offen die Vorstellungen von nationaler Einheit und auch die Begrifflichkeit noch kurz vor der Revolution waren, läßt ein Artikel *Der Bund und der föderalistische Sinn der Teutschen* aus dem Jahr 1846 erkennen. Sein anonymer Autor unternahm eine kundige *tour d'horizon* durch das föderalistische Denken in Europa und Nordamerika.[5] Wie viele Zeitgenossen blickte er bewundernd auf die Vereinigten Staaten, wo ein »glänzendes Muster von Bundesstaat« verwirklicht worden sei. Er beschrieb ihn als eine Verbindung von »Conföderation und Repräsentation«. Das grundsätzlich Neue sah er in der unmittelbaren Beziehung zwischen den Bürgern und der Zentralregierung, die daraus ihre Macht beziehe. Denn diese Unmittelbarkeit mache sie zur Repräsentation der Nation.

Als Bundesstaat charakterisierte er jedoch auch das mittelalterliche »teutsche Reich«, das später verfallen sei. Aus den »Trümmern« dieses »untergegangenen Bundesstaates« entstand der Staatenbund des Deutschen Bundes, den seine Schöpfer als »einen Bund der Regierungen gegen die Völker« konstruierten. Doch dabei sei es nicht geblieben. »Als Staatenbund hat sich Deutschland in seinen einzelnen Gliedern kräftig und selbständig entwickeln können.« Vor allem die Kleineren seien vorangegangen.

5 *Neue Jahrbücher der Geschichte und Politik* (1846/42), S. 481–510 (dort alle Zitate); zum Umfeld Auderset 2016, Kap. 4.

Der anonyme Autor erkannte auch die Bedeutung des Krieges, um die »einigenden Bande« in dem »Bundesverein« zu stärken. Der Krieg treibe den Staatenbund zum Bundesstaat. In der zweiten Hälfte der 1860er Jahre sollte sich diese Prognose bestätigen. Damals reihte sich Deutschland in die historische Normalität auf dem Weg in den Nationalstaat ein. Kaum einer ist in der europäischen Geschichte – und nicht nur in der europäischen – ohne Krieg entstanden, im 19. Jahrhundert kein einziger.[6]

Unser Autor bestimmte das »Föderativwesen« als den »Kern der praktischen Geschichte Deutschlands«, beschrieb präzise das Problem Österreich, für dessen Lösung er die Idee eines »ewigen Bündnisses mit Deutschland« vorwegnahm, und er zeigte sich überzeugt, daß die »Föderativverfassung [...] die vollkommenste Verfassung ist, in welcher Einheit herrscht mit Mannichfaltigkeit und Freiheit, mit Wetteifer, Vervielfältigung der Rollen, Zuversicht und Behaglichkeit.« Und diesem neuen Bund seien »keine Grenzen gesetzt«. Er dachte an Ostpreußen, um das gesamte preußische Staatsgebiet aufnehmen zu können, und er hoffte, daß die Zeit der territorialen Verluste vorbei sei, möglicherweise sogar Staaten wie Belgien, Holland und die Schweiz sich vor dem Expansionsdrang Frankreichs in die Sicherheit eines »verhältnißmäßig selbständigen deutschen Bundesstaates« retten wollten. Auch an eine Rückkehr Elsaß und Lothringens dachte er, wenn ihnen föderative Selbstverwaltung statt französischer Präfektur in Aussicht gestellt werde. An Kraft nach außen, so warb der Artikel, müsse der Föderativstaat nicht hinter dem Zentralstaat zurückstehen. Doch unverzichtbar seien eine starke Nationalregierung und ein Nationalparlament, um die Bürger wie in den USA auf allen Ebenen zu beteiligen. Das verstand er unter »Conföderation und Repräsenta-

6 Vgl. Langewiesche 2019.

tion«. Den Deutschen Bund dazu auszubauen, gebiete die Einsicht, so appellierte er an die Fürsten – selber tun, was sich ohnehin nicht vermeiden lasse, und damit dem »heftigen Wunsch nach Centralisation« entgegentreten. Ihn sah er vorrangig von den Monarchen ausgehen. Er hatte wohl die napoleonische Ära vor Augen, in der deutsche Fürsten im Bund mit und gegen Napoleon auf Kosten der Kleineren ihr Territorium vergrößert hatten. Der Föderativstaat sollte dies wie zuvor das Alte Reich verhindern.

Viele Zeitgenossen teilten diese Vorstellung von nationaler Einheit der Deutschen.[7] Sie dachten von den bestehenden Staaten aus, die sie nach dem Vorbild des Alten Reiches föderativ vereint sehen wollten, nun aber grundsätzlich erneuert, indem die Bürger einen institutionellen Ort in der Föderation erhalten sollten. Sie sollten national im Sinne von staatenübergreifend repräsentiert sein. Deutschland als Föderativnation vereinen bedeutete – kein Zentralstaat nach französischem Muster, sondern die Reichstradition dem politischen Teilhabeverlangen der Bürger auf allen Ebenen öffnen: im einzelnen Staat und im föderativ-bündischen Nationalstaat. Nicht er war umstritten in der frühen nationalen Bewegung, sondern ob sich der Deutsche Bund zu einem solchen Staat mit parlamentarischer Repräsentation der deutschen Nation verdichten lasse. Nationale Einheit in Mehrstaatlichkeit, darauf lief diese Vision vom künftigen Deutschland hinaus. In welchen Anteilen staatenbündische und bundesstaatliche Elemente vermischt werden sollten, blieb offen. Erst die Erfahrung der Reformverweigerung im Deutschen

7 Im Folgenden werden Passagen aufgenommen aus Langewiesche: »Das Alte Reich nach seinem Ende. Die Reichsidee in der deutschen Politik des 19. und frühen 20. Jahrhunderts. Versuch einer nationalgeschichtlichen Neubewertung in welthistorischer Perspektive«, in: ders. 2008a, S. 211–234; ders.: »Nation als Ressourcengemeinschaft«, in: ebd. S. 36–52.

Bund und auch in Einzelstaaten führte dazu, daß die liberalnationale Bewegung ihre Hoffnung zunehmend auf den zentralisierenden Nationalstaat richtete.[8] Doch selbst er sollte föderativ ausgestaltet werden, wie sich in den Revolutionsjahren zeigte.

Die Föderativnation als Gegenpol zur zentralstaatlichen Nation erschließt sich in ihrer historischen Gestalt und in ihrer Attraktivität für die Zeitgenossen nur, wenn man die Verbindungslinien zwischen dem Alten Reich und seinen Nachfolgern anders zieht, als dies üblich ist. Nicht zwangsläufig auf 1871 zulaufend. Denn in diesen Geschichtslinien, die vom Alten Reich ausgingen, bildete der zentralisierte Nationalstaat nur eine Option unter mehreren. Eine Realisierungschance besaß sie bis 1848 nicht. Der damaligen staatlichen Wirklichkeit entsprach nur die Idee einer Föderativnation. Singulär deutsch war sie nicht. Am stärksten ausgeprägt fand sie sich in der Schweiz, und der eidgenössische Raum ohne dominanten Kanton stabilisierte sie wirksamer.

Föderation und Nation zu verbinden, war eine bedeutsame Innovation, die Gegensätze zusammenführte. Denn die Idee ›Nation‹ gehört in der europäischen Geschichte der Neuzeit zu jenen Kräften, die staatlich auf Herrschaftsverdichtung und gesellschaftlich-kulturell auf Homogenisierung zielen. Im Umfeld der Französischen Revolution erreichte diese Entwicklung eine neue Qualität. Damals entfaltete die Idee ›Nation‹ eine zuvor nicht gekannte Dynamik, indem sie sich mit dem Revolutionsprogramm der Herrschafts- und Gesellschaftsdemokratisierung verband. Das Besondere an der modernen Idee ›Nation‹, die damals entstand, liegt darin, daß sie diese Demokratisierungsverheißung von ihren revolutionären Wurzeln löste und in ein auf Dauer gestelltes Entwicklungsprogramm verwandeln

8 Vgl. Echternkamp 1998; Langewiesche 2000, 2008a.

konnte. Und zweitens löste die Idee ›Nation‹ dieses Programm von den Gesellschaftsbereichen, auf die der Wille zur Revolution ursprünglich vorrangig zielte: die Organisation des Staates und die staatsbürgerliche Partizipation am Staat. Die neue Idee ›Nation‹ erweiterte ihre Zuständigkeitsbereiche, indem sie die nationale Gesellschaft als eine entwicklungsoffene Ressourcengemeinschaft entwarf, die immer weitere Lebensbereiche einzubeziehen in der Lage ist. In dieser Offenheit ist der einzigartige Erfolgsweg dieser Idee begründet. Sie verheißt allen, die zur Nation gehören, Teilhabe an den gemeinsam erzeugten Ressourcen. Wie die Teilhabe geregelt wird, welche Ressourcen gemeint sind, veränderte sich im Laufe der Zeit und blieb stets umstritten. Ebenso war es mit dem Kreis derer, die zur Nation gerechnet werden, und mit der Art ihres staatlichen Zusammenlebens. Hier entwickelte sich im Europa des 19. Jahrhunderts eine erhebliche Spannweite. Sie reichte von der Identität von Staat und Nation – die Nation lebt in einem einzigen Staat zusammen, und dieser Staat umfaßt keine anderen Nationen – bis zu den Staaten, die eine Vielzahl von Nationen umfassen.

In der deutschen Staatenwelt war diese Vielfalt außerordentlich stark ausgeprägt. Diejenigen, die sich zur deutschen Nation rechneten oder von anderen ihr zugerechnet wurden, lebten verteilt auf eine Vielzahl von Staaten. Unter diesen Staaten gab es auch solche, die verschiedene Nationen umfaßten und nur mit einem Teil ihres Gebietes zum Alten Reich und dann zum Deutschen Bund gehörten. Und schließlich gab es Staaten, deren Monarch zugleich Monarch eines nichtdeutschen, nicht dem Reich, nicht dem Deutschen Bund angehörigen Staates war. Eine Antwort auf diese komplexe Lage gab die Idee der Föderativnation. Sie öffnete Wege in eine nationale Einheit, die nicht verlangte, die bestehenden Staaten aufzulösen, um einen unitarischen Nationalstaat zu erschaffen. Das wäre nur mit großer Gewalt möglich gewesen. Entweder hätte sie von einem Staat ausgehen müssen oder von einer Revolution analog zur französischen. Zu einer solchen Revolution kam es nicht, und von den beiden Staaten, die als einzige möglicherweise zum nationalen Zentralisierungskrieg in der Lage gewesen wären, schied die Habsburgermonarchie von vornherein aus, weil ein deutscher Nationalstaat ihre multinationale Existenz in Frage gestellt hätte. Preußens Entscheidung zum Krieg gegen das napoleonische Frankreich und seine kontinentalimperiale Politik mobilisierte zwar nationale Emotionen, doch es ging um Preußens staatliche Existenz und um Preußens Ehre.[9] Der Griff nach der Macht in Deutschland war nicht beabsichtigt und hätte sich weder gegenüber den deutschen Fürsten noch gegenüber den europäischen Großmächten durchsetzen lassen. Der Deutsche Bund war die Form von Einheit in der Mehrstaatlichkeit, die sich damals auf dem Wege der Vereinbarung unter den deutschen Fürsten und mit den Großmächten verwirklichen ließ. Von ihm mußte auch die deutsche Nationalbewegung, wie sie in der ersten Hälfte des 19. Jahrhunderts entstand, ausgehen, wenn sie nicht nur politische Zukunftsbilder entwerfen, sondern politisch wirken wollte.

In einem zentralen Punkt, das wird oft übersehen, stimmte die Politik der deutschen Staaten und der deutschen Nationalbewegung überein – im Willen zur Zentralisierung staatlicher Herrschaft. Die Idee der modernen Nation hatte sich in Frankreich wie in Nordamerika als eine mächtige innerstaatliche Zentralisierungskraft erwiesen. Auch die deutsche Nationalbewegung stand in dieser Tradition. Sie gehörte wie die Fürsten zu den Kräften, die Herrschaftsverdichtung verlangten. Auch die Verfechter einer föderativ-mehrstaatlich geeinten Nation wollten

9 Vgl. Aschmann 2013, 1. und 2. Teil.

Herrschaft konzentrieren – in Gestalt des Verfassungsstaates, der überall, auch in Deutschland, zum Forderungskatalog der modernen Idee ›Nation‹ gehörte. Herrschaftskonzentration durch Verfassung setzten aber auch die Monarchen ein, um ihren territorialen Beuteanteil in der »Massenkatastrophe« der Kleinen, als das Alte Reich unterging, institutionell zu sichern. Ihr Verfassungsmodell war nicht das gleiche, das sich mit der Idee der Volksnation verband, aber hinsichtlich Herrschaftsverdichtung stimmten alle überein.

Auch das Modell der Föderativnation setzte auf Herrschaftsverdichtung. Nicht aber auf den Zentralstaat. Wie das neue institutionelle Dach oberhalb der Einzelstaaten im Deutschen Bund konkret gestaltet werden sollte, war umstritten innerhalb einer breiten Spannweite von Konzepten und im Handlungsarsenal. Doch daß der Deutsche Bund zu den Kräften der inneren Nationsbildung gehört, daran läßt die neuere Forschung keinen Zweifel zu.[10] Seine politisch reaktionären Maßnahmen gehörten ebenso dazu wie seine Ansätze, die Rechtsordnung zu vereinheitlichen. Es waren staatenübergreifende Maßnahmen, die einen nationalen Handlungsraum schufen. In diesem gemeinsamen Handeln und dessen Wirkungen vollzog sich Nationsbildung. Auch wenn dies von den Akteuren nicht beabsichtigt war. Es geschah eine Form von Nationsbildung, in der die meisten Akteure argwöhnisch darauf achteten, den Einzelstaat nicht zentralisierend zu entmachten. Dies soll nun an einem einzelnen Staat verdeutlicht werden. Mit dem Großherzogtum Sachsen-Weimar-Eisenach wird ein Kleinstaat ausgewählt, um an ihm zu zeigen, welche Bedeutung den Kleinen in der Nationsbildung zukam, und um der üblichen Fixierung auf Preußen als der nationalstaatlichen Einigungsmacht von 1866/71 eine Sicht

10 Vgl. Müller 2005, 2006, 2018.

entgegenzustellen, die nach der föderativen Vielfalt in der deutschen Staatenwelt fragt.[11]

Großherzogtum Sachsen-Weimar-Eisenach – der Kleinstaat in der deutschen Föderativgeschichte und der inneren Nationsbildung seit dem Ende des Alten Reiches

Das Großherzogtum war ein Geschöpf des Wiener Kongresses, wie andere deutsche Staaten auch; etwa die Königreiche Bayern, Württemberg und Hannover oder das Großherzogtum Baden. Aber auch andere Staaten, die nicht im Rang erhöht wurden, wie das Königreich Preußen, haben ihre territoriale Gestalt damals stark verändert. Der Wiener Kongreß baute die neue kontinentaleuropäische Ordnung zwar auf dem Prinzip monarchischer Legitimität auf, doch sie ging wie das Prinzip Volksouveränität, als es die Französische Revolution in Gestalt der Republik durchsetzte, aus Legitimitätsbrüchen hervor.[12] Zahllose kleine Herrschaften waren vernichtet worden. Die vergrößerten Fürstenstaaten, die das neue Kongreß-Europa bildeten, wurden auf den Trümmern der alteuropäischen Ordnung errichtet. Vernichtung und Aufbau war ein Gemeinschaftswerk von Revolutionären und Monarchen.

Legitimitätsstiftung durch Legitimitätsvernichtung hieß eine Grundregel des neuen Europas, das aus dem Ende des Alten Reiches und der napoleonischen Ära hervor-

11 Zum Folgenden D. Langewiesche: »Thüringen und die deutsche Föderativnation«, in: *Thüringer Landtag* (2019), S. 7–27; s.a. St. Gerber: »Reichspatriotismus, Dynastie und Konstitution – die thüringischen Staaten und das Alte Reich im langen 19. Jahrhundert«, in: Asche u.a. 2011, S. 261–288.

12 Eingehend dazu Langewiesche 2013.

ging. Solidarität unter Monarchen gab es nicht. Es war eine Zeit feindlicher Übernahmen unter den Monarchen. Fürsten wurden entthront, die Monarchie als Institution gestärkt. Voraussetzung dafür war jedoch, daß Staaten, die als Gewinner vergrößert überlebten, einen Wandel ihrer Herrschaftsordnung einleiteten. Letztlich lief es überall darauf hinaus, daß die neuen Staaten eine neue Verfassung brauchten als Integrationsgrundlage für den vergrößerten Staat und Reformversprechen an die eigene Bevölkerung. So sah man es damals auch im Großherzogtum Sachsen-Weimar-Eisenach. Als der Kanzler der Regierung im November 1815 in einer Denkschrift entwarf, wie künftig das Rechtswesen aussehen sollte, war für ihn klar: Die »bedeutende Länder-Vermehrung«, wie er die Vergrößerung des Herzogtums nannte, bedürfe einer liberalen Verfassung, um einen »Muster Staat« zu schaffen.[13] Nur er würde in Zukunft politisch wetterfest sein. Staatsintegration durch Verfassungsstiftung, Verfassung als Stabilitätsgarant für den Staat. Diesem Zweck dienten alle Verfassungen, die damals in deutschen Staaten entstanden. Auch diejenige, die sich 1816 der thüringische Kleinstaat gab.

Ein Zeitgenosse beschrieb im Rückblick das Ziel dieser kleinstaatlichen Politik so: Weimar als »Zentralpunkt Deutschlands für Kunst und Wissenschaft [...] auch zum Zentralpunkt deutscher Freiheit zu machen«.[14] ›Politischer Zentralpunkt‹ war sicherlich viel zu hoch gegriffen, doch in Weimar verlief der politische Reformprozeß in der Tat anders als in größeren deutschen Staaten. Es ging weniger konfrontativ zu zwischen dem Fürsten mitsamt seiner Regierung und dem Parlament und der Öffentlichkeit.

Auf dem Wiener Kongreß ging es für den Kleinstaat um Existenzsicherung. Und wenn möglich, sich auf Kosten an-

13 *Quellen zu den Reformen* 2015, Dok. 68, Zitat S. 261.

14 *Politischer Briefwechsel* 1973, S. 758f.

derer zu vergrößern. Keine Unterordnung, soweit sie sich vermeiden lasse, lautete der Zentralpunkt der herzoglichen Anweisung.[15] Sie zielte auf die zwei Bühnen, auf denen damals Regierungspolitik gestaltet werden mußte: Zum einen die gesamtdeutsche, europäisch eingebettet, und zum anderen hatte der Landesherr die einzelstaatliche Bühne im Blick. Auch für sie sollte in Wien die Grundlage gelegt werden. Es ging um die heftig umstrittene Frage, wie stark dieser europäische Kongreß mit seinen Verträgen in die Verfassungsordnung der Mitgliedsstaaten des Deutschen Bundes eingreifen sollte. Dies war gerade für die kleineren Staaten außerordentlich wichtig und heikel.

Als der Wiener Kongreß begann, war es noch höchst umstritten, welche Gestalt das deutsche Mitteleuropa erhalten würde (Kap. 2). Kein Nationalstaat, das stand fest. Herzog Carl August sprach in seiner Instruktion von einem »föderativen Bande, welches […] kleinere und größere Staaten umschlingen soll«. Damit umschrieb er einen Minimalkonsens unter den deutschen Fürsten, vor allem unter den mindermächtigen. Sie suchten nach einem Schutzdach als Ersatz für das Alte Reich. Was passieren kann, wenn dieser Schutz fehlt, hatten sie in den Jahren seit dem Ende des Reichs erlebt – die »kleinstaatliche Massenkatastrophe« (Werner Kaegi). Ob die Kleinen, die überlebt hatten, in ihrer Staatlichkeit bestehenbleiben könnten, war keineswegs sicher.

Alle Pläne, den Deutschen Bund als Hegemonialordnung der Großen zu Lasten der Kleinen zu konstruieren, scheiterten. Nicht weil die Großen ihr Herz für die Kleinen entdeckt hätten, sondern weil Österreich, Preußen und auch Rußland stritten, wie die sächsische Beute verteilt werden sollte. Der sächsische Landesherr, von Napoleon zum König erhöht, hatte im Krieg zu lange an

15 Ebd., Dok. 245, S. 256–259. Dort auch die folgenden Zitate.

dessen Seite ausgeharrt. Für diese Vertragstreue wurde er nun bestraft. Der Entthronung entging er, doch sein Staat wurde fast halbiert. Wer hingegen rechtzeitig die Seite gewechselt hatte, wurde belohnt. Man darf also in die territoriale Gestalt Deutschlands, die damals entstand, nicht zu viel Rationalität hineinlesen. Alle wollten zu Lasten anderer wachsen. Auch die Kleinen. Herzog Carl August kalkulierte, sein Staat benötige, »um eine Suprematie in Thüringen ständig behaupten zu können, eine Vermehrung von 100.000 Seelen«.[16] Selbst unter seinen Beratern sprach man von »Ländergier und Seelenverkäuferei« auf dem Wiener Kongreß.[17] Niemand war davor gefeit; auch die Kleinen nicht.

Der Streit unter den Großen und die drohende Rückkehr Napoleons führten schließlich zu einer Einigung, die den Kleinstaaten entgegenkam. Das »Teutsche Foederativ-System«, wie es die Verhandlungsführer Preußens genannt hatten,[18] erhielt im Deutschen Bund eine Gestalt, die den kleinen und mittleren Staaten Mitwirkungsmöglichkeiten und ihre Existenz sicherte. Das Großherzogtum Sachsen-Weimar-Eisenach nutzte die Handlungsspielräume, die ihm die neue Ordnung bot. Die Verfassung von 1816, die erste, die in Deutschland nach der Gründung des Deutschen Bundes verabschiedet wurde, bildete den wichtigsten Pfeiler, der die Eigenständigkeit dieses Staates sichern sollte.

Der Verhandlungsführer Carl Augusts in Wien, Freiherr von Gersdorff, beurteilte das Erreichte nüchtern: der Deutsche Bund – ein Kompromiß »aus dem Verlangen und Bedürfnis der Nation nach Verbindung und der

16 Ebd., Dok. 282, S. 282.

17 Ebd., Dok. 281, S. 284.

18 *Quellen zur Geschichte des Deutschen Bundes* I, 1/1, Dok. 92, S. 585.

Staaten nach Selbständigkeit«.[19] Ihn überkamen Zweifel an der Überlebenskraft der kleinen Staaten. Dazu bedürfe es einer Verfassung, die dem »Zeitgeist« entgegenkomme. Was dazu nötig sei, legte er seinem Landesherrn in einer großen Denkschrift vor.[20] Eine moderne Verfassung lasse sich nicht befehlen, »der wahre Triumpf eines Fürsten ist der, eine solche zeitgemäße Verfassung zeitgemäß einzuführen«, also sich über sie »mit seinem Volke zu beraten«. Als das Alte Reich aufgelöst wurde und Deutschland »eine unbestimmte Gestalt bekam«, wie es in der Denkschrift präzise heißt, begann in vielen deutschen Staaten eine Ära der verordneten Reform von oben. Die Landesherren wollten ungebremst von Traditionen und alten Rechten ihre vergrößerten Staaten verwaltungstechnisch modernisieren. »Knechte von außen«, so nannte Gersdorff die Rheinbundfürsten, also auch den eigenen Landesherrn, angesichts ihrer Abhängigkeit von Napoleon, »im Innern« hingegen sah er »Schrankenlosigkeit« Eine »rechtlose Zeit«, so urteilte der Weimarer Minister hart. Sie dürfe nicht wiederkehren. Die neue Verfassung müsse »dem Zeitgeist gemäß und doch das Alte und Herkömmliche dem Neuen und Einzurichtenden sanft verbinden«. Er schlug ein »Repräsentativ-System« vor, in dem die »Gesamtheit der Staatsbürger« vertreten sei. Staatsbürger – das war ein Zukunftsversprechen. Er sprach zwar auch von »Untertanen« – das war üblich –, doch die neue moderne Verfassung sollte sie in Staatsbürger verwandeln; »gleichsam das Volk in verjüngtem Maßstabe«, wie er schrieb.

Das ging dem Großherzog zu weit. Das Grundgesetz von 1816 war noch keine Repräsentativverfassung. Die drei Stände, Rittergutsbesitzer, Bürger und Bauern, wählten getrennt ihre »Volksvertreter«. Ihre Rechte waren erwei-

19 *Politischer Briefwechsel* 1973, Dok. 293, S. 294.
20 Ebd., Dok. 331, S. 329 f.; 333, S. 331–336; dort alle Zitate.

tert worden, das Wahlrecht ging für die damalige Zeit sehr weit, und allen Staatsbürgern des Großherzogtums garantierte das Grundgesetz eine »unpartheiische Rechtspflege« und »das Recht auf Freiheit der Presse«. Das war viel, eine entsprechende Resonanz fand dieses Grundgesetz in der deutschen Öffentlichkeit. Die neue Verfassung war gleichwohl ein Kompromiß zwischen alt und neu, ein Ausgangspunkt, wie auch die Ordnung des Deutschen Bundes. Was die Zukunft daraus machen würde, konnte damals niemand wissen. Nur im Rückblick mutet die vergangene Zukunft geradlinig an. Als sie begann, war sie offen und für die Zeitgenossen unvorhersehbar.

Im Kampf um die Zukunft haben die kleinen Staaten wie das Großherzogtum Sachsen-Weimar-Eisenach eine gewichtige Rolle gespielt, wenngleich die Geschichtsschreibung dies lange Zeit nicht gewürdigt und die Kleinen als ererbten Ballast auf dem Weg in den Nationalstaat ins historische Abseits gestellt hat: Kleinstaaterei und Partikularismus als Barrieren auf Deutschlands Weg in die nationalstaatliche Zukunft. Dieses Bild hat die neuere Forschung korrigiert. Der Deutsche Bund hat die vorstaatliche Nationsbildung in Deutschland vorangebracht, und die kleinen Staaten haben daran tatkräftig mitgewirkt. Sie haben für die Bevölkerung erfahrbar gemacht, was Nationsbildung im vielstaatlichen Deutschland im Alltag konkret bedeutete. Zum Beispiel: Zoll- und Wirtschaftsgrenzen überwinden. Für kleine Staaten waren sie ein großes Problem, auch für Sachsen-Weimar-Eisenach. Schon in der Rheinbundzeit hatte sich viel verändert. Dieser Reformschub lief im Deutschen Bund weiter. Im Artikel 19 der Bundesakte von 1815 war die Regelung von Handel und Verkehr zwischen den Bundesstaaten in die Zukunft vertagt worden, aber doch als konkreter Auftrag an die Bundesversammlung. Die Regierung und der Landtag in Weimar haben wie auch andere Klein- und Mittelstaaten diesen Auftrag ernst genommen. Die verschiedenen regionalen Zollvereine, unter ihnen der Thüringische, haben den Deutschen Zollverein vorbereitet. In ihm war Preußen zweifellos die stärkste Macht, doch er war kein preußisches Geschenk an die deutsche Nation.[21]

Die regionalen Zollvereine und schließlich der Deutsche waren zentrale Elemente im Prozeß der deutschen Nationsbildung in der ersten Hälfte des 19. Jahrhunderts. Die deutschen Klein- und Mittelstaaten haben diese Entwicklung vorangetrieben. Der letzte Band des *Politischen Briefwechsels* von Großherzog Carl August, der diese Formierungsphase des Deutschen Bundes und der Zollvereine umfaßt, ist voller handels- und zollpolitischer Abhandlungen, Briefen und Denkschriften. Er ist auch voller Verteidigung der Pressefreiheit im Großherzogtum gegen den Deutschen Bund. Verteidigt wurden auch das studentische Wartburgfest und die Jenaer Professoren. Man erkannte in der Weimarer Regierung, daß Liberalität die Anziehungskraft der Universität Jena steigerte.

Die »Pflicht der Selbsterhaltung« ihrer Staaten, so schrieben der Großherzog von Sachsen-Weimar-Eisenach und der Herzog von Gotha 1820 in einer gemeinsamen Instruktion an ihren Gesandten im Bundestag, gebiete es, die »Zoll- und Mautsysteme benachbarter Staaten« abzubauen, da durch sie der »Wohlstand der Untertanen [...] gefährdet ist«.[22] Die Experten waren sich uneinig, welche Folgen die jeweiligen Handels- und Zollverträge haben würden – Zukunft läßt sich nun einmal nicht sicher prognostizieren –, doch alle waren sich einig: der Deutsche Bund mußte einen einheitlichen Rechts- und Wirtschaftsraum schaffen. Die vielstaatliche Föderativnation verlangte nicht nach einem Nationalstaat, wohl aber nach mehr nationaler

21 Vgl. Hahn 1984; ders./Kreutzmann 2012.

22 *Politischer Briefwechsel* 1973, Dok. 596, S. 616.

Gemeinsamkeit, vor allem im Recht und in der Wirtschaft: Handel und Verkehr, gemeinsames Geld, Vereinheitlichung der Maße, gemeinsames Recht in den unterschiedlichen Bereichen.

Schon die Zeitgenossen haben solche Vereinheitlichungen im mehrstaatlichen Deutschland als Nationsbildung gedeutet. Was sie darunter verstanden, läßt eine Rede über den Zollverein im Weimarer Landtag von 1833 erkennen. Unter allgemeiner Zustimmung feierte ein Abgeordneter diesen Zusammenschluß von 15 deutschen Staaten, darunter die neun Mitglieder des thüringischen Zoll- und Handelsvereins, als ein »auf Jahrhunderte hinaus wirkendes Ereigniß, welches in dieser Art [...] wohl noch nicht in der deutschen Geschichte vorgekommen seyn dürfte«.[23] Nicht nur der Wohlstand aller werde sich heben, wenngleich gerade in kleineren Staaten zunächst auch wirtschaftliche Nachteile zu erwarten seien, wenn man der Konkurrenz unterliege. Doch längerfristig gebe es für alle nur Vorteile. Die Staaten, die sich zusammengeschlossen hätten, und die Menschen würden mit den gemeinsamen wirtschaftlichen Interessen eine »vaterländische deutsche Gesinnung« entwickeln, »eine größere Einheit der geistigen Interessen«. »Gleichheit der Münze, [...] Gleichheit des Maßes und Gewichtes, Gleichheit der Gesetzgebung, der Innungsverhältnisse, der Militär-Einrichtungen etc.« – von diesen »großartigsten Verschmelzungen«, so der Abgeordnete, werde der politische Weg »zu einer größeren organischen Einheit in Deutschland« führen.

Größere organische Einheit in Deutschland – das darf man rückblickend nicht mit deutscher Nationalstaat übersetzen. Der Weimarer Abgeordnete sagte »Eintracht macht stark«, nach innen und nach außen. Er sagte nicht, der

23 Alle Zitate in: *Verhandlungen des außerordentlichen Landtags Sachsen-Weimar-Eisenach 1833*, Weimar 1833, Sitzung 22. 12. 1833, S. 64–70.

Einheitsstaat macht stark. Eintracht ist entwicklungsoffen. Wohin der Weg führen würde, wußte niemand. Auch der Weimarer Abgeordnete nicht, wenn er vom preußischen Staat als »Krystallisations-Centrum des neuen Baues« sprach und von den »kleineren Staaten als integrierende[n] Theile[n] eines größeren Ganzen«. Er kannte ein deutsches Vaterland, bestehend aus Staaten und »Vereinsvölkern«. Gemeint waren die Völker der deutschen Staaten, die sich zum Zollverein zusammengeschlossen hatten. Deutsche Völker im Plural. Das war durchaus üblich. Man sprach auch von der preußischen oder der bayerischen Nation – neben der deutschen.[24] Und auch Vaterland konnte auf den einzelnen Staat oder auf das imaginäre Deutschland, das es als Staat nicht gab, gemünzt sein. Als man 1814 in Weimar noch hoffte, einen Staat Thüringen schaffen zu können, begründete man dies mit der »ursprünglichen Nationalität« der Thüringer. Das »alte, mehr als tausendjährige Volk von Thüringen«, so hieß es in der Denkschrift eines hohen Weimarer Staatsbeamten, rechtfertige es, einen Staat Thüringen zu bilden.[25] Auf dem Wiener Kongreß warb man damit, so »dem Deutschen Vaterlande nach Außen Sicherheit [… zu schaffen], im Innern Verfassung und Ordnung zu begründen und zu garantieren«.[26]

Auch hier fassen wir die alte Idee deutsche Föderativnation und wie sie den neuen politischen Verhältnissen in Deutschland und Europa angepaßt wurde, um die eigenen politischen Interessen durchzusetzen. Das wichtigste Interesse der Kleinen hieß, die eigene staatliche Existenz sichern, indem man die Gemeinsamkeiten der deutschen Staaten ausbaut: Einheit in staatlicher Vielfalt, Einheit in

24 Beispiele bei Hagemann 2019; Hanisch 1991.

25 *Quellen zu den Reformen in den Rheinbundstaaten* 9, Dok. 14, S. 78.

26 Ebd., Dok. 15 (15.10.1814), S. 78. Zur Selbstbezeichnung als ›Vaterland‹ in den Staaten Hannover, Sachsen und Württemberg s. Green 2001, S. 268.

der Rechts- und Wirtschaftsordnung, im Militär, im Verkehrswesen und anderen Bereichen. Aber kein Nationalstaat, der die einzelnen Staaten auslöscht. Das ist mit ›Föderativnation‹ gemeint. In den thüringischen Staaten war diese Idee verankert, denn sie entsprach den eigenen Interessen in der Bevölkerung und im Fürstenhaus. Existenzsicherung durch föderative Vereinheitlichung der Nation, nicht durch den nationalen Einheitsstaat. Das war die Grundlinie klein- und mittelstaatlicher Politik in Deutschland bis ins unmittelbare Vorfeld des deutschen Nationalstaates von 1871.

Als 1848 sich erstmals ein Nationalstaat abzeichnete, wurde die Frankfurter Nationalversammlung zum »Leitstern der Kleinstaatenlandtage«[27]. So auch in Weimar. Die Parlamente von Österreich und Preußen traten eher als Konkurrenten zur Paulskirche auf. Für die Kleinstaaten hingegen bedeutete der föderative Nationalstaat, wie ihn die Frankfurter Paulskirche entwarf, eine Überlebensgarantie. Gefährdet waren sie nur von zwei Seiten: Von der Minderheit entschiedener Republikaner, die eine *tabula rasa* wollten und deshalb forderten, mit der Tradition der Föderativnation zu brechen, indem man die Einzelstaaten als dynastische Bastion auslöschte. Und zum anderen waren die Kleinstaaten gefährdet durch diejenigen Monarchen, die das Scheitern der Revolution nutzen wollten, um das zu tun, was ihnen zuvor nicht gelungen war: sich alle Kleineren einzuverleiben.

Zu diesen landhungrigen Monarchen gehörte der württembergische König. Dem wiederhergestellten Deutschen Bund legte er 1853 eine Denkschrift vor, in der er darlegte, wie man den »trostlosen Zustand« Deutschlands

27 G. Müller: »Kleinstaatlicher Parlamentarismus in Thüringen 1848/52«, in: Hahn/Greiling 1998, S. 147–171, 149.

beseitigen sollte.[28] Sein Rezept war klar und einfach: »Für Europa und für Deutschland ist es unmöglich, Oesterreich, Preußen und das ganze übrige Deutschland in Ein Reich zu vereinigen«. Eine Zweiteilung in ein »Oesterreichisches Süd-Deutschland und ein Preußisches Nord-Deutschland […] würde zu einem ewigen Bürgerkrieg führen«, der ganz Europa gefährde. Also bleibe nur ein Weg: Die fünf deutschen Königreiche (Preußen, Sachsen, Hannover, Bayern und Württemberg) schluckten alle anderen deutschen Staaten. Die Kleinen seien doch nur Relikte des »Feodalismus«. In diesem Urteil stimmte der württembergische König mit den radikalen Republikanern überein. Der Radikale auf dem Thron wäre allerdings nicht aus der historischen Tradition der Föderativnation ausgeschert, denn sie brauchte er, um den eigenen Staat zu sichern. Er wollte das »kleinstaatliche Massensterben« des frühen 19. Jahrhunderts fortführen. Das vielstaatliche Deutschland wäre zu fünf Staaten in einer »Immerwährenden Allianz« verdichtet worden.

All diese Pläne scheiterten. Ein Grund war, daß sie in der nationalen Öffentlichkeit Deutschlands keine Unterstützung fanden. Diese Öffentlichkeit hatte sich eigene Organisationen geschaffen, an denen vorbei in Deutschland keine Nationalpolitik mehr gestaltet werden konnte. Es war ein Netz nationalpolitischer Foren entstanden, die in den Kleinstaaten, insbesondere in Thüringen, einen starken Rückhalt fanden. Sie wurden zu »›Testamentsbewahrern‹ der Paulskirche«[29] und nach der Revolution zur »Zufluchtsregion«[30] der Nationalbewegung. In den thürin-

28 *Quellen zur Geschichte des Deutschen Bundes* III/2, Dok. 65, Zitate S. 288 f.

29 G. Müller: »Kleinstaatlicher Parlamentarismus in Thüringen 1848/52«, in: Hahn/Greiling 1998, S. 150.

30 A. Biefang: »Thüringen und die nationale Verfassungsbewegung in Deutschland 1850–1866/70«, in: Hahn/Greiling 1998, S. 631–650, 635 u.ö.

gischen Staaten, auch in anderen kleineren Staaten, blieb vieles erhalten, was in der Revolution durchgesetzt worden war.

Die Reaktion verlief hier gemäßigter. Der kleine Raum hatte schon vor 1848 den Konsens zwischen Regierung und Parlament erleichtert, und nach 1848 war das wieder so. Regierung und Landtag hatten in Sachsen-Weimar-Eisenach die Gesetzgebung der Paulskirche in Landesgesetzen umgesetzt, die nun gültig blieben, etwa in der Gemeindeordnung. Nach der Revolution übernahmen das Land und der Großherzog persönlich eine Schutzfunktion für liberale Politiker, die in ihrem Heimatstaat verfolgt worden wären, und auch für große nationalpolitische Organisationen wie Schützen und Turner, für den Deutschen Abgeordnetentag und den deutschen Nationalverein. Thüringen wurde so zu einer Bastion der Deutschen Nationalbewegung. Das trug zur Existenzsicherung der kleinen Staaten bei, als zwischen 1866 und 1871 in zwei Schritten erneut – nach dem Scheitern 1849 – ein deutscher Nationalstaat entstand. Im ersten Schritt löschte das siegreiche Preußen einige deutsche Staaten aus, indem es sie annektierte, und Österreich schied staatlich aus Deutschland aus. Den zweiten Schritt überstanden alle deutschen Staaten, auch die Kleinen, weil sie durch ihre Teilnahme den Preußisch-Französischen Krieg zu einem nationalen gemacht hatten. Sie überlebten als Glieder des neuen Nationalstaats und ihre Fürsten als Regionalmonarchen unter dem zum Kaiser erhöhten preußischen König. Einen solchen Staat hatte es in der deutschen Geschichte nie zuvor gegeben.

Dieser Nationalstaat war keine automatische Folge der inneren Nationsbildung durch die Politik der Vereinheitlichung der Rechts-, Wirtschafts- und Sozialordnung im Deutschen Bund. Er war vielmehr das Ergebnis von Sezessions- und Einigungskriegen. Auf ihre Entstehung und ihren Verlauf hatten die Kleinen und Mindermächtigen keinen Einfluß. Die Entscheidung zum Krieg fällten 1866 Preußen und Österreich, 1870 Preußen und Frankreich. Die erste Entscheidung zerstörte den Deutschen Bund. Auf seiner Politik der Vereinheitlichung konnte der junge Nationalstaat aufbauen. Das war auch ein Verdienst der kleinen Staaten. Am intensiven föderalen Ausbau des Nationalstaates in den 1870er Jahren haben sie ebenfalls tatkräftig mitgewirkt.

Die Föderativnation im mehrstaatlichen Deutschland war in den Kleinstaaten verwurzelt. In den Entscheidungssituationen bestimmten die Großen als militärisch Mächtige, doch ohne die kleineren Staaten wäre die deutsche Nationalgeschichte anders verlaufen. Gerade die Kleineren repräsentierten den föderativen Grundzug der deutschen Geschichte, der bis in unsere Gegenwart führt. Diese Grundlinie hatte Goethe vor Augen, dessen Name mit Weimars Ort in der deutschen Geschichte unlösbar verbunden ist. In seinem Gespräch am 23. Oktober 1828 mit Eckermann über die »Einheit Deutschlands und in welchem Sinne sie möglich und wünschenswert« charakterisierte er eindringlich, was ›deutsche Föderativnation‹ bedeutet und welcher Ort den kleinen Staaten in ihr zukommt:

> Es sei von Inland und Ausland unter deutschen Staaten überall keine Rede mehr. Deutschland sei ferner eins in Maß und Gewicht, in Handel und Wandel und hundert ähnlichen Dingen, die ich nicht alle nennen kann und mag.
>
> Wenn man aber denkt, die Einheit Deutschlands bestehe darin, daß das sehr große Reich eine einzige große Residenz habe und daß diese eine große Residenz wie zum Wohl der Entwickelung einzelner großer Talente, so auch zum Wohl der großen Masse des Volkes gereiche, so ist man im Irrtum. […]
>
> Wodurch ist Deutschland groß als durch eine bewunderungswürdige Volkskultur, die alle Teile des Reichs gleichmäßig durchdrungen hat. Sind es aber nicht die einzelnen Fürstensitze, von denen sie ausgeht und welche ihre Träger und Pfleger

> sind? – Gesetzt, wir hätten in Deutschland seit Jahrhunderten nur die beiden Residenzstädte Wien und Berlin oder gar nur eine, da möchte ich doch sehen, wie es um die deutsche Kultur stände, ja auch um einen überall verbreiteten Wohlstand, der mit der Kultur Hand in Hand geht.[31]

Dieses Bild von ›deutscher Föderativnation‹, das Goethe entwarf, haben ähnlich auch andere gezeichnet.[32] Es war offensichtlich geläufig. Die Föderativnation als Schöpferin und Bewahrerin kultureller Vielfalt – diese Überzeugung, die man in der deutschen Staatenwelt beglaubigt sah, durchdrang große Teile der deutschen Nationalbewegung. Erst die Weigerung der Fürsten, den Deutschen Bund für bürgerliche Mitwirkung zu öffnen, ließ die Hoffnung auf den zentralisierten Nationalstaat als Reformhebel erstarken. Doch auch ihn wollte man föderativ möblieren.

31 J. P. Eckermann: *Gespräche mit Goethe in den letzten Jahren seines Lebens*, München 1984, S. 605 f.

32 U.a. der oben zitierte Anonymus oder der Aufklärer Johann Wilhelm von Archenholz in seiner Zeitschrift: *Minerva. Ein Journal his torischen und politischen Inhalts* 3 (1801), S. 87–89 (Fußnote). Den Hinweis darauf verdanke ich Echternkamp 1998, S. 278.

4. Nation und Nationalstaat seit 1871

Entstehung des Nationalstaates 1866–71: unwahrscheinlich – kontingent – alternativlos?

Von der »Unwahrscheinlichkeit des Nationalstaates«[1] in Deutschland zu sprechen, verkehrt das vertraute Bild, das die nationalstaatliche Einheit von 1871 als Erfüllung der Geschichte entwirft, ins Gegenteil. Diesem Staat, auf den bis heute das Geschichtsdenken der Deutschen ausgerichtet ist (Kap. 1), »ein Element von Kontingenz«[2] zu bescheinigen, vermeidet die extreme Wende und hält dennoch fest: Es hätte auch anders kommen können, die Situation war offen. Durchgesetzt hat sich diese Sicht nicht. Zu stark ist der Wunsch, den Nationalstaat – und damit die eigene Gegenwart – als alternativlos zu begreifen. An die Legende vom geschichtsnotwendigen Weg der Deutschen in ihr Reich unter einem Kaiser aus Preußen wird nicht mehr geglaubt, doch die Überwindung der letzten Wegstrecke vom Norddeutschen Bund zum Deutschen Reich gilt in den meinungsprägenden Nationalgeschichten weiterhin als zwangsläufig. »Nachdem die Würfel auf dem Schlachtfeld von Königgrätz gefallen waren«, habe es zwar, so Heinrich August Winkler, noch »Widerstand gegen einen preußisch geführten deutschen Nationalstaat« gegeben, »aber keine realistische Alternative mehr zu diesem Ziel«.[3] Thomas Nipperdey hatte zuvor ähnlich geurteilt. Nation und Nationalstaat seien nun einmal »das Charakteristikum Europas« seit der Französischen Revolution.[4] Die »erste moderne Teilung der Nation«, so charakterisiert er Öster-

1 Weichlein 2004, S. 14 (Kapitelüberschrift).
2 Lenger 2003, S. 349.
3 Winkler 2000, Bd. I, S. 216.
4 Nipperdey 1992, Bd. II, S. 81.

reichs Ausscheiden aus dem »nationalen Verband der Deutschen« im Jahr 1866, war »zugleich die Etablierung einer deutschen Nation«.[5] War sie das?

Wann immer man die moderne deutsche Nation beginnen läßt – es war nicht 1866. Bis dahin lebte sie mehrstaatlich, und so blieb es bis 1871, nun aber erneut mit weniger Staaten. 1866 zerbrach im deutschen »Bruderkrieg« das staatenbündische Dach über den deutschen Staaten. An seine Stelle traten der von Preußen beherrschte Norddeutsche Bund und die Staaten südlich der Mainlinie. Österreich schied aus. Die Südstaaten waren wirtschaftlich enger mit Preußen als mit Österreich verbunden, und nationalpolitisch hatte sich Österreich selber isoliert, indem es große nationale Organisationen wie Schützen, Turner, Sänger ausgesperrt hatte.[6] Die erfolgreiche nationalpolitische Selbstisolation hatte dem militärisch erzwungenen Ausscheiden Österreichs aus dem Verband ›deutscher Staat‹ vorgearbeitet. Doch nach 1866 änderte sich vieles. Österreich öffnete sich gesamtnationalen Verbänden, baute Eisenbahnverbindungen nach Sachsen und Bayern aus, die ungarische Reichshälfte der Habsburgermonarchie erhielt eine weitreichende Autonomie, und auch in den süddeutschen Staaten kam es zu Reformwellen. Die deutschen Staaten trugen eine Art Modernisierungswettbewerb aus, um sich in der Konkurrenz um die künftige Gestalt Deutschlands die Loyalität ihrer Bürger zu bewahren.[7] Die eigene Selbständigkeit verteidigen und mit dem Norden kooperieren, ging im Süden Hand in Hand. Die

5 Nipperdey 1983, S. 791; Vorsichtiger urteilt Wehler 1987–2008, Bd. 3, S. 334f.

6 Präzise Lenger 2003. Er betont, daß die deutschen wirtschaftlichen Datensammlungen schon für die Zeit vor 1866 Österreich meist ausklammern und so Kleindeutschland zurückprojizieren.

7 Vgl. ebd.; zu Bayern, Hannover, Sachsen und Württemberg Weichlein 2004; Green 2001; Langewiesche 1974.

Regierungen schlossen mit Preußen (zunächst geheime) »Schutz- und Trutzbündnisse«, reorganisierten das Militär nach preußischem Vorbild und bauten den Zollverein aus. Er erhielt nun ein Zollparlament, das in Berlin tagte. Als es 1868 gewählt wurde, setzten sich in Bayern und Württemberg die Verteidiger staatlicher Selbständigkeit durch. Wer den Weg in den Nationalstaat für notwendig oder gar alternativlos hält, nennt sie Partikularisten.[8] Sie verstanden sich selber als Antipreußen, die loyal zu ihrem Staat und zugleich zur deutschen Nation waren. Ihre Vorstellung von nationaler Einheit war weiterhin mit Mehrstaatlichkeit zu vereinbaren. Die föderativnationale Abwehrfront gegen einen großpreußischen Nationalstaat reichte von den Monarchen über Konservative und Liberale bis zu Demokraten. Sie übergriff auch die Konfessionen. »National zu sein entwickelte sich zu einer Art Wettkampf unter den Städten«.[9] Auch um die Vielgestaltigkeit der Nation, deren Wurzen sie im Lokalen verorteten. Einen gemeinsamen Bauplan für die Reform ihrer Staaten besaß die politisch inhomogene Abwehrallianz nicht. Diese Unbestimmtheit war kein Spezifikum der Föderativnationalen, sondern kennzeichnet generell die Idee ›Nation‹. Sie erwies sich seit ihren Anfängen als anschmiegsam an alle Staatsformen. Das gehört zu ihrer Erfolgsgeschichte.

Unwahrscheinlich oder zumindest kontingent und keineswegs alternativlos – dies bestätigt sich, wenn man den deutschen Weg zum Nationalstaat mit dem italienischen vergleicht.[10] Auf beiden Wegen mußte die Sezession von der Habsburgermonarchie in Kriegen erzwungen werden. In Deutschland wie in Italien entstand der Nationalstaat als Monarchie, doch der italienische vernichtete alle Throne

8 Vgl. Nipperdey 1992, Bd. II, S. 31; Winkler 2000, Bd. I, S. 201.

9 Heinemann 2014, S. 273.

10 # Kap. 1 und Langewiesche 2019, Kap. IV, 2f.

bis auf den piemontesischen, der zum italienischen erhöht wurde. Ausgeschlossen war diese Form der zentralstaatlichen Einheit auch in Deutschland nicht. Einige Gewaltschritte in diese Richtung ging Preußen. Es nutzte den Bundeskrieg von 1866 zur Annexion des Königreichs Hannover, des Großherzogtums Hessen, des Herzogtums Nassau und der Freien Stadt Frankfurt. Das Königreich Sachsen entging diesem Schicksal, blieb aber bis 1869 von preußischen Truppen besetzt, mußte sich dem Norddeutschen Bund einfügen und erhielt dann im Nationalstaat anders als Württemberg und Bayern keine Sonderrechte, mit denen der Abstieg zu Regionalmonarchien abgefedert wurde.

Auch in Italien gab es Föderalisten. Doch anders als in Deutschland hatte der Föderalismus dort keinen Ort im politischen Leben erhalten, der ihn gegen die Überwältigung durch den unitarischen Nationalstaat und seine militärischen Exekutoren hätte schützen können. In Deutschland gab es nicht nur den Deutschen Bund, auch der Zollverein und die einzelstaatlichen Parlamente wirkten als institutioneller Hort der Tradition föderativer Mehrstaatlichkeit. Zu dieser Allianz gegen einen Zentralstaat gehörten allen voran die Fürsten. Wer von ihnen sich 1866 im Bundeskrieg gegen Preußen stellte, setzte Thron und Staat aufs Spiel. Im Krieg geht es um die Existenz von Staaten, er verändert, vernichtet und erschafft sie. Das war immer so gewesen. 1866 bestätigte sich dies im deutschen Norden. 1870 war die Situation gänzlich anders. Alle Staaten, die zuvor ihre Selbständigkeit bewahrt hatten, traten nun an die Seite Preußens, so daß aus einem diplomatischen Konflikt zwischen dem französischen Kaiser und dem preußischen König der Deutsch-Französische Nationalkrieg hervorgehen konnte. Diese Bundesgenossenschaft im Krieg sicherte das Überleben aller deutschen Throne im Nationalstaat, den dieser Krieg ermöglichte. Er schuf eine neue Situation, denn er versperrte bisherige Alternativen auf dem Weg zur nationalen Einheit, um deren Gestalt bis dahin zwischen den deutschen Staaten und innerhalb der Nationalbewegung gerungen worden war.

Die breiten Widerstände gegen einen preußisch geführten kleindeutschen Nationalstaat konnten erst durch den emotionalen Zwang zur Einigkeit im Krieg gegen Frankreich gebrochen werden. Vielen wird es wie dem bayerischen Patrioten Johann Nepomuk Sepp ergangen sein. Er wollte in der Münchener Abgeordnetenkammer 1870 »für bewaffnete Neutralität« Bayerns sprechen, doch dann begann der Krieg:

> Und jetzt komme ich mir vor wie der Prophet, der ausgezogen war, um zu fluchen, und er mußte segnen. [...] Der furchtbare Appell an die Waffen ist erfolgt, das Gottesurteil wird herausgefordert. [...] Wenn die Würfel fallen mögen, seien wir entschlossen. Wir wollen nicht als blinde Passagiere hinter dem Wagen der Ereignisse herlaufen.[11]

Es kam zu einer Art patriotischer Resignation in den unerwünschten Nationalstaat, den weiter abzulehnen angesichts eines Krieges, den man als national empfand, illegitim sei. Damit stand Sepp, der eine mehrstaatliche Einheit der deutschen Nation vorgezogen hätte, nicht allein.

Der Krieg änderte alles. Alternativlos war er keineswegs. Weder daß er stattfand noch wie er ausging. Er schuf eine Situation, in der viele Gegner dieses Nationalstaates unter preußischer Dominanz keine Alternative mehr zu ihm sahen. Nun ging es darum, ihn föderativ zu gestalten, um möglichst viel Kontinuität zu bewahren. Das Eigene, wie es sich in der deutschen Mehrstaatlichkeit verwirklicht hatte, sollte nicht gänzlich nationalstaatlich eingeschmolzen werden. Die verfassungspolitische Gestalt dafür war der föderale Bundesstaat.

11 *Der Weg zur Reichsgründung 1850–1870*, hg. v. H. Fenske, Darmstadt 1977, S. 421–424.

Die vielen Gesichter des Föderalismus seit dem Kaiserreich

Zu den »verfassungsrechtlichen Merkwürdigkeiten« des Deutschen Reiches gehört, daß die Bundesstaaten ihre Staatlichkeit bewahrten, obwohl ihnen das Staatsmerkmal der Souveränität fehlte.[12] Sie brachten ihre Institutionen in das Reich ein, während dieses sich sein Institutionengehäuse erst noch schaffen mußte. Der Reichstag, der von Beginn an die politische Entwicklung des Reiches mitprägte, hatte am Ausbau der Reichsinstitutionen wesentlichen Anteil. Sie gewannen an Gewicht, weil in der verfassungsrechtlichen Kompetenzverteilung zwischen Reich und Bundesstaaten die dynamischen Entwicklungsbereiche beim Reich lagen: Recht, Wirtschaft, Militär und Soziales vor allem, selbstverständlich auch die Außenpolitik, so daß Deutschlands späte Beteiligung an der imperialistischen Aufteilung Afrikas und Asiens durch die Großmächte Europas dazu beitrug, das Reich als politisches Zentrum zu stärken. Das alles führte zur »fortschreitenden Unitarisierung des Reiches«, doch die Bundesstaaten blieben für die Lebenswelt der Menschen bedeutsam.

Der historisch überlieferte Föderalismus änderte mit der Nationalstaatsgründung seine Zielrichtung. Das Leitbild Föderativnation richtete sich jetzt nicht mehr gegen den gemeinsamen Nationalstaat. Es half vielmehr, daß der junge Staat in der deutschen Gesellschaft überraschend schnell akzeptiert wurde. Man wuchs in den Nationalstaat hinein, indem man sich zum Föderalismus bekannte. Die Heimatbewegungen, die damals entstanden, stritten nicht gegen den Nationalstaat, sondern machten ihn vertraut. Seit den 1880er Jahren wurde die Distanz zwischen einzelstaatlicher

12 D. Willoweit: »Die Bundesstaaten im Deutschen Reich«, in: ders. 2019, S. 313–335, 317, folg. Zitat S. 318.

bzw. regionaler und nationaler »Zugehörigkeit im Konzept der ›Heimat‹« überwölbt.[13] ›Heimat‹ stand für eine als unpolitisch angesehene Form der Zusammengehörigkeit, die nicht nur Stadt und Land, soziale und konfessionelle Grenzen übergriff, sondern ausdrücklich auch die Frauen einbezog.[14] Die Heimatbewegung trug dazu bei, daß auch die Verlierer im Streit um die künftige Staatsgestalt der deutschen Nation sich als Föderalisten zu ihrer engeren Heimat und ebenso zum Nationalstaat bekennen konnten. Sie zeigt aber auch, daß diese Form der Integration auf Grenzen stieß. Indem das organisierte Heimatbewußtsein Region und Nation zusammenführte, konnte es auch zum völkischen Kampfinstrument werden.[15] Bevor die Ausgrenzungen betrachtet werden, soll zunächst der Föderalismus als integrative Kraft genauer charakterisiert werden, verbunden mit dem Blick auf Ungleichheiten, die sich mit ihm verbanden.

Integration und Ungleichheiten durch Föderalismus

Der Föderalismus des deutschen Nationalstaates war von Beginn an ein Konkurrenz- oder Wettbewerbsföderalismus. Er wirkte auf allen Ebenen staatlichen und gesellschaftlichen Lebens. Es gab einen Verfassungs- und Verwaltungsföderalismus, Finanz- und Kulturföderalismus; auch in den Kirchen und Parteien, Verbänden und Vereinen, Schulen und Hochschulen bildete sich die föderale Grundstruktur des Deutschen Reiches ab. Sie prägte die Lebensformen

13 W. Hardtwig: »Nation – Region – Stadt. Strukturmerkmale des deutschen Nationalismus im 19. Jahrhundert«, in: ders. 2005, S. 240–268, 245.

14 Dazu ausführlich Confino 1997, insbes. S. 169 ff. (Homo Germanicus).

15 Vgl. Kunz 2000; Speitkamp 1996.

der Menschen bis in ihre Sprache hinein. Man durfte im Dialekt zu erkennen geben, woher man kam, ohne als provinziell oder gar als Gegner des Nationalstaates zu gelten. Auch in historischen Romanen trat die deutsche Nation in ihrer regionalen Vielfalt auf.[16]

Der Nationalstaat trieb die Nationsbildung und zugleich die Staatsbildung voran. Beides geschah nicht nur auf Reichsebene, sondern auch in den Bundesstaaten. Siegfried Weichlein hat dies gründlich am Verkehrswesen (Eisenbahn und Post), am Ausbau der Rechtseinheit, an der Volksschule und an Gedenkfeiern erforscht, indem er fragte: Wie wurden gesamtstaatliche Vorgaben in Sachsen und Bayern umgesetzt, wo konnten die Staaten Eigenheiten bewahren oder auch ausbauen? Und welche Rollen spielten die Kommunen dabei? Auch sie gehörten zu den Akteuren im bundesstaatlichen Föderalismus.[17]

Ein Hauptergebnis seines Werkes lautet: »Nach der Reichsgründung gewannen sowohl der National- als auch der Einzelstaat an Bedeutung.«[18] Kommunen und Regionen innerhalb der Bundesstaaten wurden selbständiger als zuvor und wirkten an der Formung des Nationalstaates und des nationalen Selbstverständnisses mit. Selbst die Post, die im Gegensatz zur Eisenbahn als Reichsinstitution organisiert wurde und unter ihrem Leiter Heinrich Stephan einer entschiedenen »Strategie der unitarischen Vereinheitlichung« folgte, nahm in der Architektur ihrer Postämter, die das Reich bis aufs Land sichtbar machten, Regionalstile auf. In Bayern zeigten sie auch das königliche Wappen, und dem reichseinheitlichen Briefporto nahm Bayern die unitarische Schärfe, indem es auf eigenen Briefmarken beharrte. Das blieb so, bis die bayerische

16 Vgl. Hagemann 2019.

17 Vgl. Langewiesche 1989, 2014; Heinemann 2014.

18 Weichlein 2004, S. 371; folg. Zitate S. 371, 147.

Post 1919/20 in die Reichspost überführt wurde. Als seit Mitte der 1870er Jahre private Eisenbahnen verstaatlicht wurden, nutzten die Bundesstaaten dies zum Ausbau ihrer Eisenbahnstrecken. Die Verkehrsverdichtung geschah nicht nur im Reich, sondern rascher und stärker regional. Der Wettbewerb zwischen den Staaten konnte hier skurrile Züge annehmen, wenn etwa sächsische Wagenwärter preußische Waggons willkürlich als fehlerhaft aussonderten. Gewissermaßen als Rache für Königgrätz. Doch insgesamt sorgte der Wettbewerbsföderalismus bei den deutschen Staatsbahnen für einen zügigen Flächenausbau. Eine Angleichung der Tarife war im Gange, abgeschlossen wurde sie erst mit der Gründung der Deutschen Reichsbahn 1920. Der Nationalstaat standardisierte, doch die Kommunikationsverdichtung wurde von den Bundesstaaten vorangebracht. Das stärkte die Loyalität der Bevölkerung zu ihnen.

Zu den stärksten Kräften der inneren Nationsbildung und der Angleichung von Lebensverhältnissen gehörte das Recht.[19] 1866 begann eine Phase, die schon die Zeitgenossen die liberale Ära nannten. Sie dauerte bis 1878, als die Hoffnung der Liberalen scheiterte, das Reich zu parlamentarisieren und an der Regierung beteiligt zu werden. Es war eine der wirkmächtigsten Reformphasen in der jüngeren deutschen Geschichte, die in ihrer Bedeutung nicht hinter den preußischen und rheinbündischen Reformen zu Beginn des 19. Jahrhunderts zurücksteht. Doch anders als diese hat sich die liberale Ära 1866 bis 1878 nicht in das deutsche Geschichtsbild eingeprägt. Die Fixierung auf den Gründungsheroen Bismarck und auf die Rolle der preußischen Armee in den Einigungskriegen hat den säkularen Reformschub, ermöglicht durch den Reichstag

19 Vgl. Stolleis 2001. Eingehend auch Weichlein 2004.

unter Leitung der Nationalliberalen,[20] an den Rand gerückt. Damals wurde in erstaunlich kurzer Zeit unter parlamentarischer Führung die rechtliche und ökonomische Ordnung der deutschen Staaten gründlich reformiert und vereinheitlicht. Das berührte alle Menschen beruflich und privat. Längen- und Flächenmaße, Gewichte und Münzen wurden vereinheitlicht, und 1875 entstand mit der Reichsbank eine zentrale Notenbank. Das Rechtswesen wurde homogenisiert und liberalisiert. Schon nach wenigen Jahren verabschiedete der Reichstag ein Pressegesetz und ein Strafgesetzbuch, dem eine Strafprozeßordnung, ein Gerichtsverfassungsgesetz und die Gründung des Reichsgerichts in Leipzig folgten, bevor mit dem zum 1. Januar 1900 in Kraft getretenen Bürgerlichen Gesetzbuch der krönende Abschluß gelang. Für Frauen war er das nicht, denn im Vergleich zu den bisherigen Regeln in einigen Staaten wurden sie zivil- und eherechtlich schlechter gestellt.[21]

Dieser Schub an Rechtsreformen bedeutete auch einen Emanzipationsschub. Erst jetzt durfte man in Deutschland ohne obrigkeitliche Erlaubnis heiraten und einen Gewerbebetrieb eröffnen, erst jetzt wurde der langgezogene Prozeß der rechtlichen Gleichstellung der Juden formell abgeschlossen. Eine deutsche Reichsbürgerschaft gab es jedoch erst ab 1913. Das »gemeinsame Indigenat« der Reichsverfassung (Art. 3) legte zwar fest, daß jeder Angehörige eines Bundestaates in anderen Bundesstaaten als »Inländer« zu behandeln sei, doch was das konkret bedeutete, entschied der jeweilige Staat. Ein Reichstagsabgeordneter betonte deshalb noch 1893, im Deutschen Reich gebe es »keine

20 Vgl. Lauterbach 2000; Langewiesche: »Bismarck und die Nationalliberalen«, in: Gall 2001, S. 73–89.

21 Vgl. U. Planert: »Wie reformfähig war das Kaiserreich? Ein westeuropäischer Vergleich aus geschlechtergeschichtlicher Perspektive«, in: Müller/Torp 2009, S 105–184, 169.

Reichsbürger, sondern Staatsbürger«.[22] Mit dem neuen Vereinsgesetz von 1908 näherten sich auch Frauen dem Status des politischen Staatsbürgers an. Sie durften nun in Parteien eintreten, in denen sie rasch Frauenorganisationen gründeten. Das Wahlrecht erhielten sie jedoch erst mit der Weimarer Republik.

Der neue Nationalstaat trat den Menschen als Rechtsstaat und als Regelungsstaat entgegen. Doch auch diese Vereinheitlichung von Lebensverhältnissen, zu denen das neue Heimat- und Niederlassungsrecht gehörte, wodurch Freizügigkeit im gesamten Reich ermöglicht wurde, unterlag bundesstaatlichen und auch kommunalen Regelungen. Von dem geplanten Bundesamt für Heimatwesen befürchtete ein sächsischer Abgeordneter die »Chloroformierung des Einzelstaates«. Der Wandel von der traditionellen Armenfürsorge zur modernen Sozialversicherung, den das Reich als Gesetzgeber vorantrieb, brachte einen weiteren Zentralisierungsschub, doch die Last der Durchführung oblag den Kommunen. Es war für die soziale Absicherung wichtig, wo man wohnte, denn weiterhin entschied die kommunale Sozialpolitik für viele Menschen über die Art und die Höhe von Leistungen. Welche Hilfen etwa ein alteingesessener Handwerker fand, der in wirtschaftliche Probleme geriet, oder ob seiner Witwe ein Absturz in ein Armenschicksal erspart blieb, hing nicht vom Reich ab, sondern von der Kommune, in der sie lebten. Diese föderative Brechung der Unitarisierung gilt selbst für den Sozialversicherungsstaat, dessen Grundlagen in den 80er Jahren durch Reichsgesetze gelegt wurden.

Auch der Steuerstaat blieb im Kaiserreich föderal ausgerichtet.[23] Und damit auch die öffentlichen Ausgaben. Sie

22 Weichlein 2004, S. 223; das folgende Zitat S. 211.

23 Alle Angaben nach Ullmann 2005, Kap. 2; das folgende Bismarck-Zitat S. 74.

entfielen vor dem I. Weltkrieg in etwa zu je einem Drittel auf das Reich, die Bundesstaaten und die Gemeinden. Für Wohlfahrt, Bildung, Wirtschaft und Verkehr kamen zu mehr als der Hälfte die Gemeinden auf, den Rest trugen die Bundesstaaten. Das Reich finanzierte seine Ausgaben aus Zöllen, Verbrauchs- und einigen Verkehrssteuern und aus Erträgen seiner Unternehmen. Da das nicht reichte, mußten die Bundesstaaten Matrikularbeiträge leisten. Bismarck nannte deshalb das Reich einen »lästigen Kostgänger bei den Einzelstaaten«. Seit der Reichsfinanzreform von 1909 griffen zwar direkte Reichssteuern erstmals in stärkerem Maße auf den Steuerbürger durch. Doch gewichtiger blieben weiterhin die bundesstaatlichen Steuern und die kommunalen Steuerzuschläge, die nach höchst unterschiedlichen Maßstäben erhoben wurden. Trotz aller Tendenzen zur Vereinheitlichung der Steuern hing das Wohlbefinden des Steuerbürgers noch gegen Ende des Kaiserreichs davon ab, in welchem Staat und in welcher Kommune er lebte. Wer 1905 über ein Jahreseinkommen von 10.000 Mark verfügte, mußte mit einem Steuersatz zwischen 3 und 15 Prozent rechnen – je nach Wohnort. In Südwestdeutschland lebte man steuerlich am günstigsten.

Auch die politischen Teilhabechancen unterschieden sich im deutschen Nationalstaat stark. Für den Reichstag galt das allgemeine Männerwahlrecht, doch das Wahlrecht zu den Landtagen und den kommunalen Vertretungsgremien blieb buntscheckig und bewahrte viele Einschränkungen. Preußen bestätigte mit seinem Dreiklassenwahlrecht den Argwohn vieler Süddeutscher, ein Demokratisierungshindernis zu sein. In Württemberg und in Baden kam es zu parlamentarischen Regierungen, nicht aber in Preußen.[24] Der Liberale Friedrich Naumann sprach noch 1904 von

24 Im Folgenden werden Passagen aufgenommen aus Langewiesche: »Föderativer Nationalismus als Erbe der deutschen Reichsnation«,

der »preußischen Polizei- und Herrenmoral«, die den deutschen Süden abstoße. Um die »süddeutsche Lebensdemokratie« zu festigen, empfahl er die Förderung kleiner und mittlerer Betriebe, da die Schwerindustrie mit ihren großen Unternehmen die »Alleinherrschaft« fördere und die »demokratische Moral« zerdrücke. Der Verband der Schwerindustrie war zentral organisiert, die Fertigindustrie föderal.[25] Auch die Sozialdemokratie, die stärker noch als die liberalen Parteien zentralstaatlich ausgerichtet war, kannte im Süden eine Abneigung gegen Zentralisation. Sie sei, so der bayerische Sozialdemokrat Georg von Vollmar 1893, »in jeder Form freiheitsschädlich. […] Wir sind Föderalisten, natürlich auf demokratischer Grundlage.«[26]

In der föderativen Selbstbehauptung der Bundesstaaten gegen das dominante Preußen konnten Sozialdemokraten mit ›ihrem‹ Monarchen übereinstimmen. Damals entstanden in Deutschland zwei unterschiedliche Formen von Monarchie. Der württembergische König und auch andere Fürsten in den Mittel- und Kleinstaaten näherten sich einem neuen Amtsverständnis, das der Rolle des Monarchen in einem demokratisierten und parlamentarisierten Staat entsprach. Sie wandelten sich zu einer Art gekröntem Staatspräsidenten mit Erbberechtigung, wie ihn 1848 viele Demokraten gewünscht, aber nicht erreicht hatten. Sie repräsentierten, und wenn sie aktiv gestalten wollten, zogen sie sich in die Kulturpolitik zurück. Wilhelm II. von Württemberg wurde bis in die Sozialdemokratie hinein als ein ›Bürgerkönig‹ geachtet, sein Namensvetter in Preußen, dem er auf dessen Reisen gen Süden möglichst aus dem Weg ging, suchte hingegen den Regierungskurs in Preu-

in: ders. 2000, S. 55–79, das Naumann-Zitat S. 67; und Langewiesche 2013.

25 Zum Organisationsgegensatz zentral und föderativ in den Wirtschaftsverbänden Ullmann 1988.

26 Zit. nach: Ritter ²1963, S. 130.

ßen und im Reich zu bestimmen. Auch er verkörperte einen neuen monarchischen Typus, der zur gleichen Zeit mit Kaiserin Victoria auch in Großbritannien entstand: als oberster Repräsentant der Nation und des Imperiums medial allgegenwärtig. In Deutschland waren beide Typen des modernen Monarchen präsent, ermöglicht durch die föderale Struktur. Das Schicksal der Monarchie entschied sich jedoch auf der nationalen Bühne, nicht auf der einzelstaatlichen. Als der Kaiser in der Weltkriegsniederlage unterging, zog er die Landesfürsten mit sich. Die Zukunft gehörte der Republik, auch dort, wo – wie in Württemberg – selbst die Sozialdemokratie gegen eine parlamentarische Monarchie nichts einzuwenden hatte.

Die Monarchen wurden im Kaiserreich zum Inbegriff deutscher Mehrstaatlichkeit, verbunden mit der Reichstradition. Auch die Verfassung von 1871 rief dieses Bild auf. Ihr erster Satz inszenierte das Deutsche Reich als einen »ewigen Bund« der Fürsten. Doch sie versinnbildlichten auch den neuen bundesstaatlichen Föderalismus und halfen, ihn mit einem Reichsbewußtsein zu füllen, das eine direkte Linie zum Heiligen Römischen Reich deutscher Nation zog. Die Landesfürsten trugen wesentlich dazu bei, die Zentralisierungsdynamik, die von dem jungen Nationalstaat ausging, föderativ zu zähmen. Die Suche nach einer neuen föderativen Balance zwischen Nationalstaat und Einzelstaaten nicht blockiert, sondern aktiv daran mitgewirkt zu haben, gehört zu den bedeutenden historischen Leistungen der deutschen Fürsten bis zu ihrem Sturz 1918. Wie sie das taten, unterschied sich erheblich. Mit ihrer Hilfe wurden die Bundesstaaten zu einem Experimentierraum für den Föderalismus.

Das läßt sich auch an den vielen Nationaldenkmälern ablesen, die das Reich überzogen. Fast vier Fünftel entstanden in Preußen, Sachsen und den thüringischen Staaten, während der Süden sich zurückhielt. Doch indem man das Alte und das neue Reich erinnerungsgeschichtlich verknüpfte, konnte man sich auch in den Staaten, die Distanz zu Preußen hielten, mit dem neuen Kaiser verbunden fühlen. Sein Makel, ein Preuße zu sein, verlor sich, indem man Stadt und Einzelstaat mit dem Reich zusammenführte.[27] Die Idee der föderativen Reichsnation, die Kaiser und Fürsten verkörperten, gehörte zu den stärksten kulturellen Integrationskräften, die mit dem Geschichtsbruch des Nationalstaates von 1871 versöhnten.

Integration durch Konflikt

Föderalismus bedeutete damals vornehmlich Integration durch Kooperation. Doch auch Konflikte konnten integrativ wirken, wenn sie die Akteure auf das neue Reich ausrichteten, gegen das sie opponierten oder von dem sie bekämpft wurden. Die Ausnahmegesetze gegen die sogenannten »Reichsfeinde« – der Kulturkampf gegen den Katholizismus und die Sozialistengesetze – haben in den ersten beiden Jahrzehnten des jungen Nationalstaates Verbitterung erzeugt und doch auch erheblich dazu beigetragen, den Blick auf das Reich auszurichten.[28] Doch zugleich wurden die Wirkungen dieser Reichsgesetze föderativ gebrochen, weil sie nicht überall in der gleichen Weise exekutiert wurden. So galt Württemberg den Zeitgenossen im Gegensatz zu Baden oder Preußen als eine »Oase des Friedens« im Kulturkampf.[29] In Bayern fanden preußische

27 Vgl. Alings 1996; Schmoll 1995; Langewiesche 2000 (Nation, Föderation), 2008a.

28 Das betont auch Weichlein 2004, S. 224 ff.

29 Eine Formulierung Carl Bachems. Zum Hintergrund D. Blackbourn: »Die Zentrumspartei und die deutschen Katholiken während des Kulturkampfes und danach«, in: Pflanze 1983, S. 73–95. Zum Folgenden Gross 2004; D. Langewiesche: »Säkularisierung

Priester und Theologiestudenten Zuflucht, Jesuiten durften Volksmissionen durchführen und Messen lesen, kein Bischof wurde ausgewiesen. Der Föderalismus milderte also den Kulturkampf, der seinerseits die Katholiken über die eigene Diözese hinaus enger zusammenschloß. Die intensivierte Verankerung des Katholizismus im gesellschaftlichen Leben, die dem Ultramontanismus seit dem frühen 19. Jahrhundert gelang, wurde im Kulturkampf fortgeführt. Das stärkte, anders als von den Kulturkämpfern erwartet, den Zusammenhalt der Katholiken und zugleich deren Einbindung in diesen Nationalstaat, obwohl er den Katholiken feindlich entgegentrat. Erst verloren sie die katholische Vormacht Österreich, dann errichtete der Kulturkampf eine protestantisch-liberale Front gegen sie.

An Ludwig Windthorst, politischer Repräsentant des Katholizismus und einer der großen deutschen Parlamentarier des 19. Jahrhunderts, lassen sich die Dramatik des politischen Wandels seit der Jahrhundertmitte bis zu seinem Tode 1891 und die Reaktionen des politischen Katholizismus auf diese Umbrüche ablesen.[30] Zu einem *homo politicus* wurde er 1848. Die Wahl in die Nationalversammlung glückte nicht, doch ein Jahr später konnte er als Abgeordneter, dann als Präsident der Zweiten Parlamentskammer im Königreich Hannover, schließlich als Justizminister für eine Verfassungsreform in diesem Staat wirken. Sie mißlang, der König entließ das Ministerium, die Reaktion setzte ein, Windthorst wurde zum Haupt der Landtagsopposition, bis der Monarch ihm diese parlamentarische Bühne versperrte. Seit 1867 gehörte er dem Norddeutschen, dann dem Deutschen Reichstag an und zugleich dem preußischen Landtag.

und religiöse Vitalisierung. Religion, Staat und Gesellschaft im 19. Jahrhundert in Westeuropa«, in: O. Höffe/A. Kablitz (Hg.): *Religion im säkularen Europa*, Paderborn 2018, S. 33–52.

30 Vgl. Anderson 1988.

Windthorst begann als ein Landespolitiker, der Reformen wollte, ohne jedoch die Selbständigkeit der deutschen Staaten zu gefährden. Die nationalstaatliche Zentralisierung, wie sie die Reichsverfassung von 1849 vorsah, ging ihm zu weit. Er lehnte auch den Weg ab, auf dem die deutsche Einheit seit 1866 erzwungen und seine Wirkungsstätte, das Königreich Hannover, durch das preußische annektiert wurde. Doch das Ergebnis dieser Gewaltakte, die norddeutsche und dann die nationalstaatliche Einheit, nahm er an, um ihre innere Gestalt mitformen zu können. Nur keine politische Abstinenz, beschwor er Gleichgesinnte.

Ein parlamentarisches Regierungssystem hatte er nicht vor Augen, doch er wurde zum energischen Verteidiger des Rechtsstaates im Reichstag, den er zum Widerpart gegen einen übermächtigen Zentralstaat machen wollte, dessen Kanzler die erfolgreichen Einigungskriege gegen die vermeintlichen Reichsfeinde im Innern fortzusetzen trachtete.

Windthorst wirkte auf den parlamentarischen Bühnen als Anwalt der Minderheiten, er suchte dort die föderative Struktur des Nationalstaates zu stärken, wo immer sich die Möglichkeit bot. Wenn er etwa für Leipzig als Ort des Reichsgerichts warb, im preußischen Landtag die Zentrumsfraktion gegen die staatliche Germanisierungspolitik in den polnischen Teilen Preußens führte oder dafür sorgte, daß seine Fraktion sich gegen den politischen Antisemitismus aussprach. Der Machtzuwachs des Reichstages schon in der Bismarck-Ära war verbunden mit seinem Wirken. Deshalb konnte Windthorst zu einer gesamtnationalen Symbolfigur werden, die für die politische Integration des Katholizismus in einen Nationalstaat warb, dessen Eliten in ihm ein protestantisches Werk sahen und Katholiken für national unzuverlässig hielten.

Wer religiös oder politisch übernational ausgerichtet war, geriet in den Verdacht, national unzuverlässig zu sein. Der religiös motivierte Verdacht traf Katholiken und Juden, der politisch motivierte die Sozialdemokratie. Für sie hat man von »negativer Integration« gesprochen.[31] Was darunter zu verstehen war, unterschied sich von Bundesstaat zu Bundesstaat. Am breitesten engagierten sich Sozialdemokraten in den Kommunen; auch hier mit großen Unterschieden. Doch auch in den Bundesstaaten bot sich der Sozialdemokratie, den Gewerkschaften und dem wachsenden Feld sozialdemokratischer Kulturorganisationen eine Vielfalt von Wirkungsmöglichkeiten. Die Ausgrenzungen durch staatliche Institutionen, die nach dem Ende der Sozialistengesetze 1890 in anderer Form weiterliefen, ließen ungeachtet aller Mitarbeit die Betroffenen im Alltag erfahren, was Klassenstaat bedeutete. Auch diese Erfahrung und der Organisationswille, der sich daraus speiste, verband die sozialdemokratischen Organisationen mit dem Staat, den sie grundlegend verändern wollten. Sie standen nicht abseits, sondern opponierten durch Mitarbeit. Die Möglichkeiten dazu vermehrte der Föderalismus.

In anderer Weise läßt sich auch das Verhältnis deutscher Juden zu Nation und Nationalstaat im Kaiserreich als Integration durch Konflikt beschreiben. Der Nationalstaat brachte ihnen die rechtliche Gleichstellung, nicht aber Chancengleichheit im Beruf. Das gesellschaftliche Miteinander folgte ohnehin nicht den gesetzlichen Vorgaben. Was erreicht wurde, hat Reinhard Rürup als Erfolgsgeschichte mit Grenzen charakterisiert.[32] Die härteste, durch staatliches Handeln kaum zu beeinflussende Grenze war, daß gerade der soziale Erfolgsweg von Juden dafür herhalten mußte, sie zu Sündenböcken zu erklären für vieles, was man der ›Moderne‹ anlastete: der Jude als Spiegel und Ursache der Krise. An der antisemitischen Welle, die

31 Groh 1973; zum heutigen Forschungsstand Kocka 2015; Ritter/Tenfelde 1992.

32 Rürup 2004.

kurz nach der gesetzlichen Gleichstellung in Deutschland einsetzte, wirkte das akademische Milieu kräftig mit. Der Antisemitismus honoriger Wissenschaftler war nicht neu, doch nun richtete er sich in einer Fülle von Publikationen gegen die rechtlich garantierte Gleichstellung. Der sogenannte Berliner Antisemitismusstreit bildete einen spektakulären Höhenpunkt. Nun fiel bei christlichen Gebildeten der »Kappzaum der Scham«, wie es Theodor Mommsen genannt hat.[33]

Die Reaktion deutscher Juden auf diesen Widerruf der Emanzipation aus Teilen der deutschen Gesellschaft heraus war vielfältig. Eine zionistische Minderheit sah in den Juden eine eigene Nation und warb für den eigenen Nationalstaat, die große Mehrheit bekannte sich zur deutschen Nation und verlangte, die Gleichstellung und zugleich das Recht auf Differenz, das jeder Minderheit zustehe, durchzusetzen. Leo Baeck fand für dieses Programm 1910 eindrucksvolle Worte:

> Wir sind eine Minderheit, und vielleicht ist es ein Teil unseres geschichtlichen Berufes, […] durch unsere Existenz den Satz zu vertreten, daß es wahre Gerechtigkeit erst dort gibt, wo sie auch jeder Minderheit zu teil wird. Wir führen den Kampf um sie, diesen Kampf um unser Recht.[34]

Ein Kampfmittel war, sich in Organisationen zusammenschließen, um für die eigenen Interessen zu wirken und das Zusammenleben als Gruppe zu sichern. Das taten auch Katholiken oder die Sozialdemokraten. Letztere erhoben wie einige jüdische Organisationen auch eigene Statistiken, um sichtbar zu machen, was auf dem Weg zur Gleich-

33 Th. Mommsen: »Auch ein Wort über unser Judentum«, zit. nach: Bochlich 1965, S. 210–225, 220. Vorzügliche Analyse bei Jensen 2005.

34 L. Baeck: »Unsere Stellung zu den Religionsgesprächen«, in: *Liberales Judentum* 2 (1910), S. 123–126, 125.

stellung erreicht wurde und was nicht. So suchten sie die Politik auf allen Ebenen zu beeinflussen – im Reich, in den Bundesstaaten und in den Gemeinden. Juden mischten sich ein und wurden zu staatsbürgerlichen Akteuren. Auch für sie vervielfältigte die föderale Struktur Deutschlands die Bühnen, auf denen sie zu mitwirkten. Was sie auf diesen Bühnen sahen, gab Hoffnung, denn selbst im Zugang zum Staatsdienst, bei dem das Verfassungsgebot »der Gleichberechtigung der Konfessionen in bürgerlicher und staatsbürgerlicher Beziehung« erheblich verletzt wurde, gab es Unterschiede zwischen den Bundesstaaten und Kommunen. In Breslau hatte sich im Laufe des Kaiserreichs »ein pluralistisches Verständnis von städtischer Gesellschaft« durchgesetzt, das Juden einbezog.[35] Wo es weiterhin Barrieren im Zugang zu Berufen gab, wurden sie niedriger, und die erste deutsche Republik war dabei, den Verfassungsauftrag der Gleichstellung zu verwirklichen. Auf die gesellschaftlichen Verkehrskreise kann dieser Befund nicht übertragen werden.

Unter Verdacht nationaler Illoyalität standen auch die nichtdeutschen Minderheiten, die zum Zeitpunkt der Reichsgründung ca. 10 % der Bevölkerung (ca. 4 Millionen) ausmachten.[36] Die größten Gruppen stellten die Polen (»Preußen polnischer Zunge«) in den preußischen Ostprovinzen und die Menschen, die in den annektierten Gebieten Elsaß-Lothringen und Nordschleswig lebten. Von ihnen hatten vor allem die Polen unter der preußischen Germanisierungspolitik zu leiden, die seit dem Ende der 80er Jahre an Schärfe gewann. Kulturkampf, Sprachen-, Schul- und Bodenkampf liefen zusammen und schufen scharfe Fronten. Eine gut organisierte polnische Gegen-

35 van Rahden 2000, S. 327.

36 Überblick bei Ullmann 1995, S. 26ff.; zu den Polen in den Teilungsmächten Borodziej 2010, S. 39ff.

wehr war die Antwort. Die Trennung in Polen und Deutsche durchdrang auch den Alltag. Man las nicht nur die ›eigenen‹ Zeitungen und organisierte sich getrennt in Vereinen, sondern kaufte auch ›national‹ ein. Im Ruhrgebiet hingegen, wo nach der Jahrhundertwende Einwanderer aus dem Osten, vor allem Polen und auch Masuren, über ein Drittel der Zechenbelegschaften und in einigen Gemeinden über die Hälfte der Wohnbevölkerung ausmachten, gelang die Integration besser. Das dichte Netz an polnischen Vereinen, das kirchliches Leben ebenso umspannte wie das berufliche und das politische, hat dazu beigetragen. Organisatorische Separation und gesellschaftliche Integration müssen sich nicht wechselseitig ausschließen. Insgesamt jedoch scheiterte das Deutsche Reich mit der Politik, seine erheblichen Minderheiten zur nationalen Homogenisierung zu zwingen. Darunter verstand man in den preußischen Ostgebieten, die Deutschen mit staatlich finanzierter Zuwanderung zur Mehrheit zu machen. Auch der 1894 gegründete Deutsche Ostmarkenverein diente diesem Zweck.

Der Ostmarkenverein gehörte zu dem weiten Netz des organisierten Radikalnationalismus, der im Kaiserreich entstanden ist. Ihm dürften ca. 500.000 Männer und 80.000 Frauen angehört haben.[37] Dieser Radikalnationalismus war nicht ›rechts‹ oder ›konservativ‹ – das konnte er auch sein –, sondern er gehörte zu den Kräften, die das Kaiserreich gänzlich verändern wollten. Der nationale Änderungswille hat mit der Gründung des Nationalstaates seine Zielrichtung geändert. Wer vor 1871 nationale Selbstbestimmung verlangte, hatte in der Regel eine parlamentarische Mitwirkung vor Augen – in den einzelnen deutschen Staaten

37 Vgl. Walkenhorst 2007, S. 309; vgl. zum Folgenden auch *Handbuch Völkische Bewegung* 1999; Puschner 2001; Planert 1998; Breuer 2008; Bösch 2002; Schmid 2009.

und im Deutschen Bund, und es ging um konkurrierende Vorstellungen über die künftige ›nationale Einheit‹ und die Wege dorthin. Nach 1871 entstand ein Nationalismus, der sich mit diesem Nationalstaat nicht zufrieden gab. Sein Ideal war nicht die deutsche Staatsnation, die alle umfaßte, die Bürger und Bürgerinnen eines der deutschen Bundesstaaten waren, aus denen sich das Deutsche Reich zusammensetzte. Der neue radikale Nationalismus griff zum einen über die Reichsgrenzen hinaus und suchte zum anderen innerhalb des Reiches national zu diskriminieren, indem er Bevölkerungsgruppen aus der »deutschen Nation« ausgrenzte oder sie zu Staatsangehörigen »zweiter Klasse« herabstufte.[38] In der Ausgrenzung fand er durchaus Rückhalt in der staatlichen Politik, nicht aber in seinen Hoffnungen, die über die Reichsgrenzen hinausführten, sei es ›völkisch‹ oder ›reichisch‹ argumentierend. Das änderte sich erst im und nach dem I. Weltkrieg.

Die politische Bedeutung des radikalen Nationalismus läßt sich nur begrenzt an der Zahl seiner Organisationen und Mitglieder ablesen. Seine Weltbilder, die weitere Kreise anzogen, verknüpften eine Vielzahl von Einstellungen, Vorbehalten, Stereotypen und Aversionen, die sich gegen ›die Moderne‹ richteten. Die ›Volksnation‹ der Zukunft, die man als ›andere Moderne‹ entwarf, verband Antisemitismus und Antifeminismus, Heimat und ›Rasse‹, Antikapitalismus und Weltmachtambitionen. Es entstand ein dichtes Netzwerk, das seinen Schwerpunkt im bürgerlichen Milieu hatte, aber bis in die politischen und kulturellen Eliten reichte.

Auch diese radikalnationalen und völkischen Organisationen und Bewegungen gehörten zur inneren Nationsbil-

38 D. Gosewinkel: »Die Nationalisierung der Staatsangehörigkeit im Deutschen Kaiserreich«, in: Müller/Torp 2009, S. 392–405, 397; Gosewinkel 2016, S. 42 ff.

dung. Sie integrierten in den neuen Nationalstaat, indem sie gegen seine Grenzen und gegen den Egalitätsanspruch der Staatsnation opponierten. Sie richteten auf das Reich aus, doch selbst sie bildeten meist die föderale Struktur des Nationalstaates ab. Die nationalistischen Agitationsverbände und die Völkischen hatten ihren Schwerpunkt im nördlichen Deutschland, das konservative Milieu blieb ohnehin regional verankert.[39]

Föderalismus als Parlamentarisierungsbarriere

Das Kaiserreich entstand als ein bundesstaatliches »Gefüge von föderalen und unitarischen Zügen«, mit einer preußischen Hegemonie als dem »Kernelement« der Reichsverfassung. In Preußen lagen »die Wurzeln der Macht«, dennoch wurde das Reich kein »Großpreußen«, wie viele befürchtet hatten. Zu den Kräften, die dem entgegenwirkten, gehörten der Selbstbehauptungswille der Bundesstaaten und die föderative Verfassung. Als deren »eigentliches Geheimnis« benennt Thomas Nipperdey »die Konstruktion des Bundesrates als Gegenpart des Reichstags« –

> eine feste Barriere gegen jede Parlamentarisierung oder Quasi-Parlamentarisierung des Kanzleramtes und der Reichsleitung […], Bollwerk des deutschen konstitutionellen, also nichtparlamentarischen Systems, des monarchisch-bürokratischen Obrigkeitsstaates, der monarchischen Herrschaft über Parlament und Parteien.[40]

39 Vgl. Breuer 2008, S. 141; Planert 1998, S. 138; Walkenhorst 2007, S. 313; Bösch 2002, S. 66.

40 Nipperdey 1992, Bd. II, Zitate S. 85, 97, 92, 93. Zum Forschungsstand Müller/Torp 2009; Heidenreich/Neitzel 2011; zur Verfassungsstruktur Willoweit: »Die Bundesstaaten im Deutschen Reich«, in: ders. 2019, S. 313–335.

Der Föderalismus half zwar, die Deutschen in den für sie historisch fremden Zentralstaat einzugewöhnen. Doch zugleich wirkte er als eine in die Reichsverfassung eingeschriebene Parlamentarisierungsblockade, denn er war so konstruiert, daß die Reichsgewalt dem Zugriff des Reichsparlaments entzogen blieb.

Die Funktion des Bundesrates läßt den Unterschied in den föderativen Ordnungen, welche die Verfassungen von 1849 und 1871 schaffen wollten, scharf hervortreten. Die Paulskirche sah eine Reichsregierung vor, die zwar vom Kaiser ernannt wurde, deren Minister aber dem Parlament verantwortlich waren. Dies ermöglichte es, daß sich schon 1848/49 in der politischen Praxis ein Parlamentarismus einspielte, den die Verfassungskonstruktion nicht vorgesehen hatte, aber auch nicht ausschloß (Kap. 3). Das Reich von 1871 besaß hingegen keine Reichsregierung, sondern einen Reichskanzler, der den Vorsitz im Bundesrat führte und von dessen Präsidium ernannt wurde. Dieses Präsidium war identisch mit dem »Könige von Preußen [...], welcher den Namen Deutsche Kaiser führt.« (Artikel 11 der Reichsverfassung) Die Bundesstaaten wirkten im Bundesrat mit und nicht, wie es die Paulskirchenverfassung vorsah, in der Staatenkammer des Parlamentes. Die Parlamente der Bundesstaaten besaßen in der Verfassung von 1871 also keinen Ort mehr auf der Reichsebene, während die Verfassung von 1849 ihnen die Hälfte der Sitze im Staatenhaus zuwies. Die Reichsverfassung von 1849 hatte sich mithin für einen Föderalismus entschieden, der die Parlamente im Reich und in den einzelnen Staaten einbezog, während die Verfassung von 1871 auf einen bloßen Exekutivföderalismus ausgerichtet war. Ob die Regierungen der Bundesstaaten über ihre Vertreter im Bundesrat die Reichspolitik mitgestalten würden, blieb der Zukunft überlassen. Sie zeigte, daß ihnen das kaum gelang. Doch sie haben bei der Ausführung der Reichsgesetze gestaltend eingegriffen.

Das Reich entwickelte sich dynamisch, und mit seinen Behörden entstand eine Quasi-Regierung. Eine Reichsregierung als Gegenpol zum Parlament gab es nicht. Nur der Reichskanzler stand den Abgeordneten als verantwortliches Organ des Reiches gegenüber. Er konnte ausschließlich vom Kaiser ernannt und entlassen werden. Darin lag die verfassungsrechtliche Stärke seiner Position, die jedoch zur Schwäche wurde, wenn der Kanzler den Rückhalt am Kaiser verlor. Bismarck sollte dies erfahren, als er nach dem Tode Wilhelms I., mit dem er sich in einem Treueverhältnis verbunden fühlte, von dem jungen Nachfolger, der selber gestalten wollte, 1890 entlassen wurde.[41] Bis dahin war die Entstehung von Reichsbehörden, für deren Spitze sich die Bezeichnung Minister einbürgerte, bereits weit vorangeschritten. Doch sie bildeten keine Regierung, die dem Reichstag verantwortlich war. Dazu kam es erst im I. Weltkrieg. Die ›Parteienregierung‹ aus der Parlamentsmehrheit heraus sollte nun die Legitimität erzeugen, die das monarchische Deutschland verloren hatte.

Die Erfahrung mit dem Föderalismus als Parlamentarisierungsblockade ließ in der Zeit des Kaiserreichs eine Fundamentalkritik an der bundesstaatlichen Konstruktion entstehen. Sie bereitete den Wandel des Föderalismus vor, den die Verfassung der Weimarer Republik ermöglichte. An Theodor Heuß läßt sich dieser Urteilswandel, der sich bis in die Bundesrepublik zog, verfolgen.[42] Er hat sich selber in der Tradition der deutschen Demokraten des 19. Jahrhunderts gesehen. Wie sie verlangte er eine starke, institutionell gesicherte parlamentarische Demokratie, und wie sie sah er in dem großen Preußen ein Haupthindernis auf dem Weg zu diesem Ziel. Doch während die Demokraten des 19. Jahrhunderts auf eine strikte Föderalisierung des deut-

41 Zu Bismarck s. Gall ²1990.

42 Näher ausgeführt in Langewiesche 2005; Becker 2019.

schen Nationalstaates setzten, um ihn demokratisieren und parlamentarisieren zu können, zeigte sich Heuß überzeugt, dieses Ziel nur durch Zentralisierung erreichen zu können. Die demokratische Nation brauche den Zentralort, an dem politisch gekämpft und entschieden werde. Nur dann entstünden eine starke Regierung und ein starkes Parlament, wenige starke Parteien und hinreichend viele starke Führungspersönlichkeiten. Deshalb plädierte er immer wieder energisch für eine politische Zentralisierung.

1918 hatte sich Theodor Heuß in seiner Schrift *Die Bundesstaaten und das Reich* programmatisch zu Föderalismus und Zentralismus in Deutschland geäußert. Diese Haltung hat er später nie grundsätzlich revidiert. Föderalismus setzte er gleich mit »Partikularismus«. Er sei in der deutschen Geschichte tief verankert, »aber die Vergangenheit hat darum noch keinen Anspruch auf Ehrfurcht«.[43] Napoleons Anstoß zur Staatsvernichtung im Gebiet des Alten Reiches nannte er eine »Wohltat«. Die deutschen Mittelstaaten, die davon profitiert hatten, zählte Heuss zu den »unendlichen Zufälligkeiten« der Geschichte, die »uns skeptisch erhalten gegenüber dem Pomp, der die altehrwürdigen Rechte jener staatlichen Parvenuegebilde umstellt.« Nach 1945, auf dem Wege zur Bundesrepublik, äußerte sich Theodor Heuß zurückhaltender zum Föderalismus, blieb aber distanziert. Im Parlamentarischen Rat sprach er besorgt über den »Sonderungskomplex der Länderregierungen« und den »Föderalismus der Bürokratie«. Die Worte ›Bundestag‹ und ›Bundesrat‹ erinnerten ihn zu sehr an die »Staatenbundgeschichte von Deutschland« und hätten mit dieser »untergehen« sollen.[44]

43 Th. Heuss: *Die Bundesstaaten und das Reich*, Berlin 1918, S. 6; folgende Zitate S. 7.

44 *Der Parlamentarische Rat 1948–1949*, Bd. 9, bearb. v. W. Werner, München 1996, S. 533 f.

Auch Gerhard Anschütz hatte das Defizit an Parlamentarisierung und Demokratisierung der staatlichen Vielfalt Deutschlands angelastet, die er als partikularistischen Mangel, nicht als Möglichkeit für eine föderale Staatsstruktur begriff. Die Idee einer deutschen Föderativnation nahm er nicht auf, wenn er als Sinn der deutschen Einheitsbewegung im 19. Jahrhundert postulierte, »aus der Kleinstaaterei und aus der Mittelstaaterei, überhaupt aus der deutschen Vielstaaterei herauszukommen« und an ihre Stelle »den nationalen Staat, das Reich« zu setzen. »Ich bekenne, zu denen zu gehören, denen im Streitfalle das Reich alles, der Einzelstaat nichts ist.«[45]

Aus der Erfahrung des Kaiserreichs heraus: Bundesstaaten erschweren die Parlamentarisierung, und das übermächtige Preußen kann sie verhindern, hatte Hugo Preuß, der Architekt der Verfassung der Weimarer Republik, ursprünglich geplant, Preußen in mehrere Länder mittlerer Größe zu zerlegen. Theodor Heuß stimmte 1919 zu: »Soll das künftige Deutschland einigermaßen ein inneres Gleichgewicht besitzen, dann muß Preußen aufgelöst werden.« In einer Republik, so fürchtete er, würde das preußische Übergewicht noch drückender sein als im monarchischen Nationalstaat, in dem »dynastische Rücksichten« Preußen gezügelt hätten, seine überlegene Größe und Macht ungehemmt auszuleben.[46] Wie der ererbte Föderalismus, in dem die frühere Mehrstaatlichkeit und die Idee der deutschen Föderativnation fortlebten, in die Republik überführt und mit stärker unitarischen Elementen versehen werden könne, hat die Weimarer Nationalversammlung intensiv diskutiert. Man schaute in die Vergangenheit, um aus ihr

45 G. Anschütz: *Drei Leitgedanken der Weimarer Reichsverfassung*, Tübingen 1923, S. 7, 17.

46 Th. Heuss: *Deutschlands Zukunft*, Stuttgart 1919, S. 8. Zu Preuß s. Lehnert 2012.

›Lehren‹ für die Zukunftsgestaltung zu gewinnen. Die Vergangenheitsbilder, die damals entworfen wurden, waren so unterschiedlich wie die Zukunftspläne.[47]

Die Zentralisten hatten triftige Argumente, als es um die Gestaltung der Weimarer Verfassung ging. Auch die Föderalisten konnten nicht bestreiten, daß sich der Föderalismus des Kaiserreichs als Hindernis gegen eine Parlamentarisierung im Reich erwiesen hatte. Doch entschieden haben 1919 nicht Verfassungsargumente, sondern die Machtverhältnisse. Die Revolution 1918/19 war eine Revolution in den Bundesstaaten. In Berlin hatte der »Vollzugsrat der Arbeiter- und Soldatenräte« im November 1918 sogar zwei Revolutionsregierungen ernannt, für Preußen und für das Reich. So entstand im Übergang zur Republik eine föderative Machtstruktur, die den Dualismus Reich und Preußen fortsetzte.[48] Die föderative Grundlinie der deutschen Geschichte hatte sich auch im revolutionären Umbruch zur ersten deutschen Republik durchgesetzt.

Theodor Heuß, an dem hier Kontinuität und Wandel in den Urteilen über den Föderalismus im 19. und 20. Jahrhundert betrachtet werden, galt nach dem Ende des Kaiserreichs Entföderalisierung als eine andere Art, Preußen zu entmachten. Preußen in Provinzen zerlegen, um es zum demokratischen Nationalstaat fähig zu machen, hieß das strikt föderative Programm der alten Demokraten. Den politischen Föderalismus durch Zentralisierung abbauen, um den unitarischen Nationalstaat handlungsfähig zu machen, auch und gerade gegen Preußen, wurde die Leitlinie der jungen Demokraten, zu denen Heuß gehörte. Die Debatte über eine umfassende Reichsreform, die das Verhältnis von Reich und Ländern neu ordnen sollte, begleitete

47 Vgl. Gruhlich 2012, insbes. Kap. 3.

48 Vgl. H. Möller: »Föderalismus in der Weimarer Republik«, in: Willoweit 2019, S. 337–358.

die Weimarer Republik. Es ging um bessere Kompetenzabgrenzung, um den Fortbestand kleiner Länder, verbunden mit der Frage nach einer effizienten Verwaltung, vor allem aber diskutierte man über den Dualismus von Reich und Preußen. Preußen galt vielen weiterhin als zu groß für Deutschland. Doch die Entscheidung war bereits in der Revolution gefallen. Und im Rückblick, so Horst Möller, müsse man feststellen: »Keines der gravierenden Probleme der Weimarer Demokratie erwuchs aus dem Föderalismus.« Und auch nicht aus Preußen, das zu einem demokratischen Stabilitätsanker wurde, der 1932 durch den als Reichsexekution maskierten Staatsstreich des Reichspräsidenten und der Minderheitsregierung zerstört wurde.[49]

Heuß hielt auch nach 1945 an seinem Urteil über Preußen fest:

> Die deutsche föderale Vorstellung unserer Generation ist an die hegemoniale geschichtliche Lösung von 1866, 1870 gebunden. Und dann die Sorge: Soll ein *Hegemonialstaat* wieder kommen, darf er wieder kommen? Preußen ist nicht mehr, und sehr viele Deutsche haben davon innerlich noch nicht recht Kenntnis genommen.[50]

Theodor Heuß zeigt sich hier als ein Geschöpf der nationalgeschichtlichen Spätzeit, der Zeit des Nationalstaates, wie er 1871 entstanden ist. Den damals ausgebildeten Föderalismus wertete er durch und durch negativ. Er habe die volle Parlamentarisierung verhindert, das Übergewicht Preußens stabilisiert und den Bundesfürsten Herrschaftsrechte bewahrt, die mit Demokratie nicht zu vereinbaren seien. Deshalb sah er auch die Vorgeschichte des ersten

49 Ebd., Zitat S. 357; Kolb/Schumannn [8]2013, S. 18f. Mit der Literatur zu den Reichsformplänen Iida 2019.

50 »Rede im Parlamentarischen Rat über die Grundlagen einer Verfassung [1948]«, in: Dahrendorf/Vogt 1984, S. 360.

Nationalstaates als einen partikularistischen Irrweg, den er allen voran den Fürsten auflastete.

Heuß' vehement antidynastisch-demokratisches Geschichtsbild erkannte klar: Das neue Reich wurde 1871 gegen die Tradition des alten gegründet. Denn so viel Zentralisierung hatte es noch nie in der deutschen Staatengeschichte gegeben. Sehr viele hatten diesen deutschen Nationalstaat in seiner preußisch-protestantisch geformten Gestalt nicht gewollt. Aber er wurde dann, als die Würfel gefallen waren, schnell akzeptiert. Erleichtert wurde das rasche Ja zu dem Neuen dadurch, daß man es als Erfüllung der Geschichte umdeutete. Hier bezog Heuß eine eigenständige Position, die ihn scharf abhob sowohl vom Föderativnationalismus, den Demokraten gemeinsam mit vielen Liberalen und Konservativen vertreten hatten, als auch von der Verklärung des jungen deutschen Nationalstaates als Gipfelpunkt der deutschen Geschichte. Heuß wollte vielmehr von diesem Nationalstaat aus, den er als dynastisch-partikularistisch unvollendet begriff, weitergehen zum demokratischen Nationalstaat. Und dies ohne jede Rücksicht auf die historische Last, als die ihm die deutsche Vielstaatlichkeit und ihr föderatives Erbe galt. Nur keine »heimatliche Geschichtsromantik« sagte er noch 1948 im Parlamentarischen Rat.[51] Die honoratiorenschwäbische Sprachfärbung dieser Mahnung mag ihre politische Schärfe gemildert haben.

51 Ebd., S. 355.

5. Ausblicke

Nach 1945 gehörten die Länder zu den Kontinuitätsbrücken, die in die Bundesrepublik Deutschland führten (Kap. 1). Die deutsche Tradition der Föderativstaatlichkeit, der Wille der drei Westmächte und die Erfahrung mit dem Nationalsozialismus liefen hier in die gleiche Richtung.[1] In zwei Gleichschaltungsgesetzen war 1933 der Föderalismus faktisch beendet worden. Reichsstatthalter sorgten für eine durchgreifende Steuerung, so daß die Länder zu einem Glied in der nationalsozialistischen Diktatur wurden. Im 19. Jahrhundert sind staatliche Repressionen und selbst reichsweite Ausnahmegesetze föderativ gebrochen worden. Die nationalsozialistische Diktatur ließ das nicht mehr zu. Ihre »Absage an Pluralität und an das System der institutionalisierten Interessengegensätze« traf auch die Länder und Kommunen. Sie konnten nicht mehr eigenständig handeln.[2] Das ermöglichten erst wieder die Alliierten nach dem Untergang des NS-Staates im II. Weltkrieg. Es waren die Länder, in denen der Aufbau demokratischer Ordnungen begann, sie gaben sich die ersten Verfassungen. Der Föderalismus überlebte, und er gehörte in der jungen Bundesrepublik zu den Kräften, die das »deutsche Demokratiewunder« ermöglichten.[3] Daß die föderative Verfassung vom Zentralismus in der sowjetischen Besatzungszone und dann der DDR abgrenzte, stärkte sie zusätzlich.

Die »doppelte Staatsgründung« (Christoph Kleßmann) bedeutete zugleich eine Aufspaltung in Föderativ- und Zentralstaat (Kap. 1). Die Bundesrepublik setzte den Föderalismus fort, wie er mit dem Nationalstaat von 1871

1 Zum Folgenden mit der umfangreichen Literatur Weichlein 2019. Vergleichend Benz/Lehmbruch 2002.

2 Herbert ²2017, S. 305 ff., Zitat S. 317. Zur Gleichschaltung der Länder Talmon 2004.

3 Schmidt ⁶2019, Kap. 28.2.

entstanden war – die Ausführung der Bundesgesetze obliegt den Ländern; sie treten im Bundesrat der Bundesregierung gegenüber. Der Finanzföderalismus grenzte hingegen vom Kaiserreich ab. Die Länder alimentieren nicht den Bund, sondern die »Unitarisierung des Finanzsystems«, die im I. Weltkrieg eingesetzt hatte und in der Weimarer Republik durch die Reichsfinanzreform 1920/21 ausgebaut worden war, bestimmte auch die Entwicklung in der Bundesrepublik.[4] Die Integration der Flüchtlinge und Vertriebenen aus den ehemaligen deutschen Ostgebieten und von deutschen Minderheiten im östlichen Europa stärkte ebenfalls die Bundesebene. Sie war für den Lastenausgleich zuständig, der 1952 gesetzlich geregelt wurde. Vor allem aber führte der sozialstaatliche Ausbau in Richtung Unitarisierung des Bundesstaates. Den Verfassungsauftrag, »Einheitlichkeit der Lebensverhältnisse« herzustellen, sollte vor allem der Sozialstaat verwirklichen. Dieses Gebot war neu in der deutschen Geschichte, wenngleich der Wettbewerb zwischen den deutschen Staaten und zwischen den Bundesstaaten im Kaiserreich durchaus in diese Richtung wirkte. Man wollte nicht hinter den Nachbarn zurückbleiben. Wenn die Lebenschancen zu ungleich waren, reagierten die Menschen mit Abwanderung. Die »doppelte Staatsgründung« machte aus diesem Wettbewerb eine Konkurrenz der Systeme.

Das Grundgesetz gab keine Anleitung, wie das Gebot einheitlicher Lebensverhältnisse einzulösen sei. Eine der Voraussetzungen waren leistungsstarke Länder. Dies durch Änderung der Ländergrenzen zu erreichen, wie man es in der Weimarer Republik vergeblich versucht hatte, gehörte in der Bundesrepublik nicht mehr zur Reformstrategie. Nun setzte man auf die Steuerung der Finanzen. Der Länderfinanzausgleich wurde zu einer Art Ersatz für

4 Ullmann 2005, Zitat S. 114.

die Angleichung der Ländergrößen. Auch darin zeigt sich die fortdauernde Kraft der föderativen Grundlinie in der deutschen Geschichte. Die nationalsozialistische Diktatur hatte sie unterbrochen, nicht aber gebrochen. Die Länder überlebten, wenn auch bis auf wenige Ausnahmen mit verändertem Gebiet. Vor allem aber beseitigte die staatliche Neuordnung, welche die Alliierten bestimmten, den Dualismus von Preußen und Reich. Was der Weimarer Republik nicht gelungen war, wurde nun als Folge der Kriegsniederlage durchgesetzt. Preußen verschwand und mit ihm die bisherige krasse Asymmetrie zwischen diesem innerdeutschen ›Großstaat‹ und den anderen Ländern. Diese Angleichung erleichterte den Sozial- und Finanzföderalismus, den Bund, Länder und Kommunen tragen und ausgestalten.

Der westdeutsche Föderalismus hat sich seit den 1960er Jahren erheblich verändert.[5] In allen Reformen und Reformversuchen ging es darum, die Aufgabenfelder von Bund und Ländern neu zu bestimmen. Im Zentrum stand stets die Finanzverfassung als Steuerungsinstrument. Man sprach von kooperativem Föderalismus oder auch von Trennungsföderalismus, an deren Stelle ein Verbundföderalismus treten solle. In ihm stehe nicht die Selbstbestimmung der Länder, sondern deren Mitwirkung an der Bundespolitik im Zentrum. Föderalismus schien zu einem Glied in der Gewaltenteilung eines »unitarischen Bundesstaates« zu werden.[6] Doch wie auch immer man die Rolle der Länder in der Gegenwart beurteilt und ob sich ein Wettbewerbsföderalismus abzeichne – sie sind in der politisch-gesellschaftlichen Ordnung zutiefst verankert. In der Schul- und Bildungspolitik sind sie weiterhin die Hauptakteure und haben sich eigene Koordinationsins-

5 Ausführlich Weichlein 2019. Eine wichtige Studie: Renzsch 1991.

6 K. Hesse: *Der unitarische Bundesstaat*, Karlsruhe 1962.

tanzen geschaffen, Parteien und Verbände bleiben nach Ländern organisiert und entwickeln dort eigenständige Positionen, die keineswegs stets mit denen ihrer Bundesorganisationen übereinstimmen. Die Wiedervereinigung hat, obwohl sie die Rolle des Bundes ausweitete, den föderalen ›Eigensinn‹ noch verstärkt, bis in die Parteienlandschaft hinein. Auch das historisch fundierte Landes- und Regionalbewußtsein in der Bevölkerung ist durch die Wiedervereinigung eher gefestigt als geschwächt worden. »Aufs Ganze gesehen bewährten sich die föderalen Institutionen in der deutschen Einheit und waren flexibel genug, sich den neuen Aufgaben anzupassen.«[7] Die Gesellschaft wurde jedoch heterogener. In den Bemühungen, das West-Ost-Gefälle auszugleichen, sind die Länder wichtige Akteure.

Der Europäisierungsprozeß hat an der Umgestaltung des deutschen Föderalismus mitgewirkt. Erst seit den 1980er Jahren erhielten die Länder Mitspracherechte. Daß die Maastricht-Verträge Subsidiarität als europäisches Verfassungsprinzip festlegten, war nicht zuletzt ihr Erfolg. Der Begriff wird unterschiedlich gefüllt in den Staaten der Europäischen Union und in Brüssel, doch er bietet zumindest einen Ansatzpunkt, um den Föderalismus in einem gemeinsamen Europa zu bewahren.

Die Europäisierung stellt den Föderalismus vor eine historisch neue Herausforderung. Doch nicht alles ist gänzlich neu. Mehrstaatlichkeit unter dem Dach eines föderativen Staatenverbundes hat es auch in der Vergangenheit gegeben. Und dies nicht nur in Deutschland, wenngleich die Herkunft aus dem Alten Reich eine spezifische Form von Föderalismus entstehen ließ. Die deutsche Mehrstaatlichkeit, die in einen föderativen Bundesstaat überging, läßt sich vergleichen mit dem »zusammengesetzten Staat« in anderen Regionen Europas (Kap. 1). Er bezeich-

7 Weichlein 2019, Position 5207 (Ebook).

net die frühneuzeitliche Normalität. Wenn ein Monarch Gebiete hinzugewann, wurden deren Rechte und Privilegien vielfach nicht angetastet. Selbst in Frankreich, dem wohl am stärksten zentralisierten Staat, blieben noch im 18. Jahrhundert Elemente des zusammengesetzten Staates erhalten. Weitaus stärker ausgeprägt war dies in Großbritannien und erst recht in Spanien. Die jüngere Forschung hat dies und die Wege vom *composite state* in den zentralisierten Nationalstaat eingehend untersucht. Und auch die Probleme, die sich damit bis heute verbinden. Es waren überall blutige Wege, voller Kriegsgewalt und revolutionärer Brüche. Dieser Blick zurück gibt keine Auskunft über die Zukunft. Doch er läßt ahnen, wie schwer es sein wird, aus den Nationalstaaten Europas etwas Neues zu formen. Der Föderalismus mag Hilfen auf diesem Weg bieten. Er hat sich als offen für höchst unterschiedliche historische Herausforderungen erwiesen. Ein Ziel ist in ihm nicht einprogrammiert.

Literaturverzeichnis

R. Alings: *Monument und Nation*, Berlin 1996.

M.L. Anderson: *Windthorst. Zentrumspolitiker und Gegenspieler Bismarcks*, Düsseldorf 1988 (engl. 1981).

K.O. von Aretin: *Das Alte Reich 1648–1806*. 4 Bde., Stuttgart 1993–2000.

M. Asche/Th. Nicklas/M. Stickler (Hg.): *Was vom Alten Reich blieb*, München 2011.

B. Aschmann: *Preußens Ruhm und Deutschlands Ehre. Zum nationalen Ehrdiskurs im Vorfeld der preußisch-französischen Kriege des 19. Jahrhunderts*, München 2013.

J. Auderset: *Transatlantischer Föderalismus. Zur politischen Sprache des Föderalismus im Zeitalter der Revolutionen, 1787–1848*, Berlin 2016.

K. J. Bade: *Europa in Bewegung. Migration vom späten 18. Jahrhundert bis zur Gegenwart*, München 2002.

E.W. Becker: *Wie viel Konsens braucht die Demokratie? Theodor Heuss und die Zukunft des Grundgesetzes*, Stuttgart 2019.

M. Beer: *Flucht und Vertreibung der Deutschen*, München 2011.

M. Beer/D. Beyrau/C. Rauh (Hg.): *Deutschsein als Grenzerfahrung. Minderheitenpolitik in Europa zwischen 1914 und 1950*, Essen 2009.

A. Benz/G. Lehmbruch (Hg.): *Föderalismus*, Opladen 2002.

A. Biefang: *Politisches Bürgertum in Deutschland 1857–1868. Nationale Organisationen und Eliten*, Düsseldorf 1994.

D. Blackbourn: *The Long Nineteenth Century*, London 1997.

G. Bock: *Frauen in der europäischen Geschichte*, München 2005.

W. Boehlich (Hg.): *Der Berliner Antisemitismusstreit*, Frankfurt a. M. 1965.

W. Borodziej: *Geschichte Polens im 20. Jahrhundert*, München 2010.

F. Bösch (Mitarbeit H. Matthiesen): *Das konservative Milieu*, Göttingen 2002.

H. H. Brandt: *Deutsche Geschichte 1850–1870*, Stuttgart 1999.

S. Breuer: *Die Völkischen in Deutschland*, Darmstadt 2008.

J. Breuilly (Hg.): *The State of Germany. The national idea in the making, unmaking and remaking of a modern nation-state*, London/New York 1992.

J. Breuilly: *The formation of the first German nation-state, 1800–1871*, London 1996.

J. Breuilly: *Austria, Prussia and Germany: 1806–1871*, London 2002.

E. Bruckmüller: *Nation Österreich*, Wien [2]1996.

A. Bues/R. Rexheuser (Hg.): *Mittelalterliche nationes – neuzeitliche Nationen. Probleme der Nationenbildung in Europa*, Wiesbaden 1995.

W. Burgdorf: *Reichskonstitution und Nation. Verfassungsreformprojekte für das Heilige Römische Reich Deutscher Nation im politischen Schrifttum von 1648 bis 1806*, Mainz 1998.

W. Burgdorf: *Ein Weltbild verliert seine Welt. Der Untergang des Alten Reiches und die Generation 1806*, München 2006.

N. Buschmann: *Einkreisung und Waffenbruderschaft. Die öffentliche Deutung von Krieg und Nation in Deutschland 1850–1871*, Göttingen 2003.

C. Clark: *Iron Kingdom. The Rise and Downfall of Prussia 1600–1917*, London 2007 (dt. 2007).

A. Confino: *The Nation as a Local Metaphor. Württemberg, Imperial Germany, and national memory, 1871–1918*, Chapel Hill 1997.

R. Dahrendorf/M. Vogt (Hg.): *Theodor Heuss. Politiker und Publizist*, Tübingen 1984.

O. Dann: *Nation und Nationalismus in Deutschland 1770–1990*, München [3]1992.

A. Demandt (Hg.): *Deutschlands Grenzen in der Geschichte*, München [2]1991.

Deutsch-Jüdische Geschichte in der Neuzeit, 4 Bde., München 1996–97.

A. Doering-Manteuffel: *Die deutsche Frage und das europäische Mächtesystem 1815–1871*, München [3]2010.

D. Dowe/H.-G. Haupt/D. Langewiesche (Hg.): *Europa 1848*, Bonn 1998.

M. Dreyer: *Föderalismus als ordnungspolitisches und normatives Prinzip. Das föderative Denken der Deutschen im 19. Jahrhundert*, Frankfurt a. M. 1987.

H. Duchhardt: *Altes Reich und europäische Staatenwelt 1648–1806*, München 1990.

J. Echternkamp: *Der Aufstieg des deutschen Nationalismus (1770–1840)*, Frankfurt a. M. 1998.

J. Ehlers (Hg.): *Ansätze und Diskontinuität deutscher Nationsbildung im Mittelalter*, Sigmaringen 1989.

J. Ehlers: *Die Entstehung des Deutschen Reiches*, München 1994.

St. Esders/G.F. Schuppert: *Mittelalterliches Regieren in der Moderne oder Modernes Regieren im Mittelalter?*, Baden-Baden 2015.

A. Fahrmeir: *Die Deutschen und ihre Nation. Geschichte einer Idee*, Stuttgart 2017.

E. Fehrenbach: *Wandlungen des deutschen Kaisergedankens (1871–1918)*, München 1969.

U. Frevert: *Frauen-Geschichte. Zwischen Bürgerlicher Verbesserung und Neuer Weiblichkeit*, Frankfurt a. M. 1986.

J. Fried: *Die Anfänge der Deutschen*, Berlin [2]2015.

Th. Fröschl (Hg.): *Föderationsmodelle und Unionsstrukturen. Über Staatenverbindungen in der frühen Neuzeit vom 15. bis zum 18. Jahrhundert*, München 1994.

A. Funk: *Föderalismus in Deutschland. Von den Anfängen bis heute*, Berlin 2008.

L. Gall: *Bismarck. Der weiße Revolutionär*, Berlin [2]1990 u.ö.

L. Gall (Hg.): *Otto von Bismarck und die Parteien*, Paderborn 2001.

A. Gallus/E. Jesse (Hg.): *Staatsformen von der Antike bis zur Gegenwart*, Bonn [2]2007.

H.-W. Goetz/J. Jarnut/W. Pohl (Hg.): *Regna and Gentes. The Relationship between Late Antique and Early Medieval Peoples and Kingdoms in the Transformation of the Roman World*, Leiden 2003.

D. Gosewinkel: *Schutz und Freiheit? Staatsbürgerschaft in Europa im 20. und 21. Jahrhundert*, Frankfurt a. M. 2016.

A. Gotthard: *Das Alte Reich*, Darmstadt [4]2009.

A. Green: *Fatherlands. State-Building and Nationhood in 19th Century Germany*, Cambridge 2001.

D. Groh: *Negative Integration und revolutionärer Attentismus. Die deutsche Sozialdemokratie am Vorabend des Ersten Weltkrieges*, Frankfurt a.M. 1973.

M. B. Gross: *The War against Catholicism. Liberalism and the Anti-Catholic Imagination in Nineteenth-Century Germany*, Ann Arbor 2004.

R. Gruhlich: *Geschichtspolitik im Zeichen des Zusammenbruchs. Die Deutsche Nationalversammlung 1919/20. Revolution, Reich, Nation*, Düsseldorf 2012.

W. D. Gruner: *Der Deutsche Bund*, München 2012.

B. Grzeszick: *Vom Reich zur Bundesstaatsidee. Zur Herausbildung des Föderalismusidee als Element des modernen deutschen Staatsrechts*, Berlin 1996.

K. Hagemann: *Umkämpftes Gedächtnis. Die Antinapoleonischen Kriege in der deutschen Erinnerung*, Paderborn 2019.

H.-W. Hahn: *Geschichte des Deutschen Zollvereins*, Göttingen 1984.

H.-W. Hahn/W. Greiling (Hg.): *Die Revolution von 1848/49 in Thüringen*, Rudolstadt/Jena 1998.

H.-W. Hahn/M. Kreutzmann (Hg.): *Der deutsche Zollverein: Ökonomie und Nation im 19. Jahrhundert*, Köln 2012.

Handbuch zur »Völkischen Bewegung« 1871–1918, hg. v. Uwe Puschner/W. Schmitz/J. H. Ulbricht, München 1999.

M. Hanisch: *Für Fürst und Vaterland. Legitimitätsstiftung in Bayern zwischen Revolution 1848 und deutscher Einheit*, München 1991.

W. Hardtwig: *Geschichtskultur und Wissenschaft*, München 1990.

W. Hardtwig: *Hochkultur des bürgerlichen Zeitalters*, Göttingen 2005.

I. Härtel (Hg.): *Handbuch Föderalismus*, 4 Bde., Berlin 2012.

B. Heidenreich/S. Neitzel (Hg.): *Das Deutsche Kaiserreich 1890–1914*, Paderborn 2011.

A. Heinemann: *Stadt, Konfession und Nation. Bürgerliche Nationsvorstellungen zur Reichsgründungszeit*, Duisburg 2014.

U. Herbert: *Geschichte Deutschlands im 20. Jahrhundert*, München [2]2017.

K. Hildebrand: *Das vergangene Reich. Deutsche Außenpolitik von Bismarck bis Hitler*, Darmstadt 1995.

Th. O. Hueglin/A. Fenna: *Comparative Federalism*, Toronto [2]2015.

Y. Iida: »Demokratischer Einheitsstaat. Pläne zur Reichsreform in der Weimarer Republik«, in: *Zs. f. Geschichtswiss.* 67 (2019) S. 5–26.

E. Isenmann: »Kaiser, Reich und deutsche Nation am Ausgang des 15. Jahrhunderts«, in: Ehlers 1989, S. 146–246.

U. Jensen: *Gebildete Doppelgänger. Bürgerliche Juden und Protestanten im 19. Jahrhundert*, Göttingen 2005.

P. M. Judson: *Habsburg. Geschichte eines Imperiums*, München 2017 (engl. 2016).

W. Kaegi: »Der Kleinstaat im europäischen Denken«, in: ders.: *Historische Meditationen*, Zürich 1942, S. 249–314.

P. Katzenstein: *Disjoined Partners. Austria and Prussia since 1815*, Berkeley 1976.

I. Kershaw: *Hitler 1936–1945*, Stuttgart 2000 (engl. 2000).

P. Kim: *Ein deutsches Reich auf katholischem Fundament. Einstellungen zur deutschen Nation in der strengkirchlichen katholischen Presse 1848–1850*, Frankfurt a. M. 2010.

J. Kocka: *Das lange 19. Jahrhundert. Arbeit, Nation und bürgerliche Gesellschaft*, Stuttgart 2001.

J. Kocka (unter Mitarbeit v. J. Schmidt): *Arbeiterleben und Arbeiterkultur*, Bonn 2015.

E. Kolb/D. Schumann: *Die Weimarer Republik*, München [8]2013.

G. Kunz: *Verortete Geschichte. Regionales Geschichtsbewußtsein in den deutschen Historischen Vereinen des 19. Jahrhunderts*, Göttingen 2000.

D. Langewiesche: *Liberalismus und Demokratie in Württemberg zwischen Revolution und Reichsgründung*, Düsseldorf 1974.

D. Langewiesche: »›Staat‹ und ›Kommune‹. Zum Wandel der Staatsaufgaben in Deutschland im 19. Jahrhundert«, in: *Historische Zeitschrift* 248 (1989), S. 621–635.

D. Langewiesche: *Nation, Nationalismus, Nationalstaat in Deutschland und Europa*, München 2000.

D. Langewiesche: *Liberalismus und Demokratie im Staatsdenken von Theodor Heuss*, Stuttgart 2005.

D. Langewiesche (Hg.): *Kleinstaaten in Europa*, Schaan 2007.

D. Langewiesche: *Reich, Nation, Föderation. Deutschland und Europa*, München 2008a.

D. Langewiesche: *Zeitwende. Geschichtsdenken heute*, hg. v. N. Buschmann/U. Planert, Göttingen 2008b.

D. Langewiesche: »Historische Reflexionen zum Föderalismus in Deutschland. Wandel und Kontinuität seit dem 19. Jahrhundert«, in: Härtel 2012, Bd. 1, S. 129–143.

D. Langewiesche: *Die Monarchie im Jahrhundert Europas. Selbstbehauptung durch Wandel im 19. Jahrhundert*, Heidelberg 2013.

D. Langewiesche: »Kommunaler Liberalismus im Kaiserreich. Bürgerdemokratie hinter den illiberalen Mauern der Daseinsvorsorge-Stadt«, in: D. Lehnert (Hg.): *Kommunaler Liberalismus in Europa. Großstadtprofile um 1900*, Köln 2014, 39–71.

D. Langewiesche: *Der gewaltsame Lehrer. Europas Kriege in der Moderne*, München 2019.

D. Langewiesche/Georg Schmidt (Hg.): *Föderative Nation. Deutschlandkonzepte von der Reformation bis zum Ersten Weltkrieg*, München 2000.

A. Lauterbach: *Im Vorhof der Macht. Die nationalliberale Reichstagsfraktion in der Reichsgründungszeit (1866–1880)*, Frankfurt a. M. 2000.

D. Lehnert (Hg.): *Das pluralistische Staatsdenken von Hugo Preuß*, Baden-Baden 2012.

Fr. Lenger: *Industrielle Revolution und Nationalstaatsgründung*, Stuttgart 2003.

Lexikon der Vertreibungen. Deportation, Zwangsaussiedlung und ethnische Säuberung im Europa des 20. Jahrhunderts, hg. v. D. Brandes/H. Sundhaussen/S. Troebst, Wien 2010.

H. Lutz: *Zwischen Habsburg und Preußen. Deutschland 1815–1866*, Berlin 1985.

G. Mai (Hg.): *Die Erfurter Union und das Erfurter Parlament 1850*, Köln 2000.

M. Mazower: *Hitlers Imperium*, München 2011 (engl. 2008).

P. Moraw: »Bestehende, fehlende und heranwachsende Voraussetzungen des deutschen Nationalbewußtseins im späten Mittelalter«, in: Ehlers 1989a, S. 99–120.

P. Moraw: *Von offener Verfassung zu gestalteter Verdichtung. Das Reich im späten Mittelalter 1250 bis 1490*, Berlin 1989b.

P. Moraw: Über König und Reich. Aufsätze zur deutschen Verfassungsgeschichte des späten Mittelalters, hg. v. R.C. Schwinges, Sigmaringen 1995.

J. Müller: *Deutscher Bund und deutsche Nation 1848–1866*, Göttingen 2005.

J. Müller: *Der Deutsche Bund 1815–1866*, München 2006.

J. Müller (Hg.): *Deutscher Bund und innere Nationsbildung im Vormärz (1815–1848)*, Göttingen 2018.

S. O. Müller/C. Torp (Hg.): *Das Deutsche Kaiserreich in der Kontroverse*, Göttingen 2009.

H. Neuhaus: *Das Reich in der Frühen Neuzeit*, München ²2003.

Th. Nipperdey: *Deutsche Geschichte 1800–1866*, München 1983 u.ö.

Th. Nipperdey: »Der Föderalismus in der deutschen Geschichte«, in: ders.: *Nachdenken über die deutsche Geschichte*, München 1986, S. 60–109.

Th. Nipperdey: *Deutsche Geschichte 1866–1918*, 2 Bde., München 1990/92.

O. Pflanze (Hg.): *Innenpolitische Probleme im Bismarckreich*, München 1983.

J. Plamper: *Das neue Wir. Warum Migration dazugehört. Eine andere Geschichte der Deutschen*, Frankfurt a. M. 2019.

U. Planert: *Antifeminismus im Kaiserreich*, Göttingen 1998.

U. Planert: *Der Mythos vom Befreiungskrieg: Frankreichs Kriege und der deutsche Süden. 1792–1841*, Paderborn 2007.

U. Planert (Hg.): *Napoleon' Empire: European Politics in Global Perspective*, New York 2017.

U. Planert/J. Retallack (Hg.): *Decades of Reconstruction. Postwar Societies, State-Building, and International Relations from the Seven Years' War to the Cold War*, Cambridge 2017.

R. Plaschka/G. Stourzh/J. P. Niederkorn (Hg.): *Was heißt Österreich? Inhalt und Umfang des Österreichbegriffs vom 10. Jahrhundert bis zur Gegenwart*, Wien 1995.

W. Pohl/M. Diesenberger/B. Zeller (Hg.): *Neue Wege der Frühmittelalterforschung*, Wien 2018.

W. Pohl/V. Wieser (Hg.): *Der frühmittelalterliche Staat – europäische Perspektiven*, Wien 2009.

Politischer Briefwechsel des Herzogs und Großherzogs Carl August von Weimar, Bd. 3, hg. v. W. A. H. Tümmler, Stuttgart 1973.

V. Press: *Deutschland 1600–1715*, München 1991.

V. Press: *Das Alte Reich. Ausgewählte Aufsätze*, hg. v. J. Kunisch, Berlin 1997.

U. Puschner: *Die völkische Bewegung im wilhelminischen Kaiserreich*, Darmstadt 2001.

Quellen zu den Reformen in den Rheinbundstaaten, Bd. 9: Thüringische Staaten Sachsen-Weimar-Eisenach 1806–1813, bearb. v. G. Müller, Berlin 2015.

Quellen zur Geschichte des Deutschen Bundes. Abt. I: 1815–1830; Abt. II: 1830–1850; Abt. III: 1850–1866, für die Historische Kommission bei der Bayerischen Akademie der Wissenschaften hg. v. L. Gall, München 1996–2017 (bislang 7 Bde.).

H. Rabe: *Reich und Glaubensspaltung. Deutschland 1500–1600*, München 1989.

L. Raphael: *Imperiale Gewalt und mobilisierte Nation. Europa 1914–1945*, München 2011.

W. Renzsch: *Finanzverfassung und Finanzausgleich. Die Auseinandersetzungen um ihre politische Gestaltung in der Bundesrepublik Deutschland zwischen Währungsreform und deutscher Vereinigung*, Bonn 1991.

F. Rexroth: *Deutsche Geschichte im Mittelalter*, München [2]2007.

A. Riklin: *Machtteilung. Geschichte der Mischverfassung*, Darmstadt 2006.

G. A. Ritter: *Die Arbeiterbewegung im Wilhelminischen Reich*, Berlin [2]1963.

G. A. Ritter: Über Deutschland. Die Bundesrepublik in der deutschen Geschichte, München 1998.

G. A. Ritter: *Föderalismus und Parlamentarismus in Deutschland in Geschichte und Gegenwart*, München 2005.

G. A. Ritter/K. Tenfelde: *Arbeiter im deutschen Kaiserreich 1871 bis 1914*, Bonn 1992.

A. Rödder: *Deutschland einig Vaterland. Die Geschichte der Wiedervereinigung*, München 2009.

H. Rumpler: *Österreichische Geschichte 1804–1914*, Wien 1997.

R. Rürup: »A success story and its limits: European Jewish social history in the nineteenth and early twentieth centuries«, in: *Jewish Social Studies* 11.1 (2004), S. 3–15.

A. Schindling: »Kaiser, Reich und Reichsverfassung 1648–1806. Das neue Bild vom Alten Reich«, in: O. Asbach u.a. (Hg.): *Altes Reich, Frankreich und Europa*, Berlin 2001, S. 25–54.

A. Schindling/J. Merkle: »Die ›Teutsche Libertät‹. Freiheit und Partizipation im Heiligen Römischen Reich«, in: *Jahrbuch für Liberalismusforschung* 14 (2014) S. 373–392.

A. Schindling/W. Ziegler (Hg.): *Die Territorien des Reichs im Zeitalter der Reformation und Konfessionalisierung*, 7 Bde., Münster 1989–97.

J. Schmid: *Kampf um das Deutschtum. Radikaler Nationalismus in Österreich und dem Deutschen Reich 1890–1914*, Frankfurt a. M. 2009.

G. Schmidt: *Geschichte des Alten Reiches*, München 1999.

G. Schmidt: *Wandel durch Vernunft. Deutschland 1715–1806*, München 2009.

G. Schmidt (Hg.): *Die deutsche Nation im frühneuzeitlichen Europa*, München 2010.

M. G. Schmidt: *Demokratietheorien*, Wiesbaden [6]2019.

F. Schmoll: *Verewigte Nation. Studien zur Erinnerungskultur von Reich und Einzelstaat im württembergischen Denkmalskult des 19. Jahrhunderts*, Tübingen 1995.

B. Schneidmüller: »Reich – Volk – Nation: Die Entstehung des deutschen Reiches und der deutschen Nation im Mittelalter«, in: Bues/Rexheuser 1995, S. 73–101.

B. Schneidmüller: »Konsensuale Herrschaft. Ein Essay über Formen und Konzepte politischer Ordnung im Mittelalter«, in: P.-J. Heinig u.a. (Hg.): *Reich, Regionen und Europa im Mittelalter und Neuzeit*, Berlin 2000a, S. 53–87.

B. Schneidmüller: »Völker, Stämme, Herzogtümer? Von der Vielfalt der Ethnogenesen im ostfränkischen Reich«, in: *Mitteil. d. Inst. f. österr. Geschichtsforsch.* 108 (2000b) S. 31–47.

B. Schneidmüller: *Grenzerfahrung und monarchische Ordnung. Europa 1200–1500*, München 2011.

B. Schneidmüller/St. Weinfurter (Hg.): *Heilig, Römisch, Deutsch. Das Reich im mittelalterlichen Europa*, Dresden 2006.

M. Schnettger (Hg.): *Imperium Romanum, Irregulare Corpus, Teutscher Reichs-Staat. Das Alte Reich im Verständnis der Zeitgenossen und der Historiographie*, Mainz 2002.

M. Schnettger: »Kleinstaaten in der Frühen Neuzeit«, in: *Hist. Zs.* 286 (2008), S. 605–640.

G. Schuck: *Rheinbundpatriotismus und politische Öffentlichkeit zwischen Aufklärung und Frühliberalismus*, Stuttgart 1994.

M. Schwartz: *Ethnische »Säuberungen« in der Moderne*, München 2013.

J. J. Sheehan: »What is German History? Reflections on the Role of the Nation in German History and Historiography«, in: *The Journal of Modern History* 53.1 (1981) S. 1–23.

J. J. Sheehan: *German History 1770–1866*, Oxford 1989.

W. Siemann: *Die deutsche Revolution von 1848/49*, Frankfurt a. M. [5]1993.

W. Siemann: *Vom Staatenbund zum Nationalstaat. Deutschland 1806–1871*, München 1994.

W. Siemann: *Metternich. Stratege und Visionär*, München [2]2016.

W. Speitkamp: *Die Verwaltung der Geschichte. Denkmalpflege und Staat in Deutschland 1871–1933*, Göttingen 1996.

R. Stauber: *Der Wiener Kongress*, Stuttgart 2014.

B. Stollberg-Rilinger: *Des Kaisers alte Kleider. Verfassungsgeschichte und Symbolsprache des Alten Reiches*, München 2008.

B. Stollberg-Rilinger: *Das Heilige Römische Reich Deutscher Nation*, München [5]2013.

B. Stollberg-Rilinger: *Maria Theresia*, München [5]2018.

M. Stolleis: *Geschichte des öffentlichen Rechts in Deutschland*, 3 Bde, München 1988–92.

M. Stolleis: »›Innere Reichsgründung‹ durch Rechtsvereinheitlichung 1866–1880«, in: ders.: *Konstitution und Intervention*, Frankfurt a. M. 2001, S. 195–225.

G. Stourzh: *Vom Reich zur Republik. Studien zum* Österreichbewußtsein *im 20. Jh.*, Wien 1990.

J. C. Swanson: *Tangible Belonging. Negotiating Germanness in 20th Century Hungary*, Pittsburgh 2017.

St. Talmon: »Ende des Föderalismus. Gleichschaltung und Entstaatlichung der deutschen Länder von der nationalsozialistischen Machtergreifung bis zur Auflösung des Reichsrats«, in: *Zs. f. Neuere Rechtsgesch.* 24 (2004) S. 112–155.

Ph. Ther: *Die dunkle Seite der Nationalstaaten. »Ethnische Säuberungen« im modernen Europa*, Göttingen 2011.

Thüringer Landtag (Hg.): *Demokratie und Verfassung in einer sich wandelnden Welt*, Erfurt 2019.

H.-P. Ullmann: *Interessenverbände in Deutschland*, Frankfurt a. M. 1988.

H.-P. Ullmann: *Das deutsche Kaiserreich 1871–1918*, Frankfurt a. M. 1995.

H.-P. Ullmann: *Der deutsche Steuerstaat*, München 2005.

M. Umbach (Hg.): *German Federalism. Past, Present, Future*, Basingstoke 2002.

T. van Rahden: *Juden und andere Breslauer. Die Beziehungen zwischen Juden, Protestanten und Katholiken in einer deutschen Großstadt von 1860 bis 1925*, Göttingen 2000.

P. Walkenhorst: *Nation – Volk – Rasse. Radikaler Nationalismus im Deutschen Kaiserreich 1890–1914*, Göttingen 2007.

H.-U. Wehler: *Deutsche Gesellschaftsgeschichte*, 5 Bde., München 1987–2008.

S. Weichlein: *Nation und Region. Integrationsprozesse im Bismarckreich*, Düsseldorf 2004.

S. Weichlein: *Föderalismus und Demokratie in der Bundesrepublik*, Stuttgart 2019.

J. Whaley: *Germany and the Holy Roman Empire*, 2 Bde., Oxford 2013.

D. Willoweit: *Reich und Staat. Eine deutsche Verfassungsgeschichte*, München 2013.

D. Willoweit (Hg.): *Föderalismus in Deutschland. Zu seiner wechselvollen Geschichte vom ostfränkischen Königtum bis zur Bundesrepublik*, Köln 2019.

P. H. Wilson: »Still a Monstrosity? Some Reflections on Earl Modern German Statehood«, in: *The Historical Journal* 49.2 (2006) S. 565–576.

P. H. Wilson: *The Holy Roman Empire*, London 2017.

Th. Winkelbauer (Hg.): *Geschichte Österreichs*, Stuttgart [3]2018.

H. A. Winkler: *Der lange Weg nach Westen. Deutsche Geschichte*, 2 Bde., München 2000; [5]2010.

A. Wirsching: *Der Preis der Freiheit. Geschichte Europas in unserer Zeit*, München 2012.

Heidelberger Akademische Bibliothek

bereits erschienen:

Ernst A. Schmidt
Lateinische Philologie als hermeneutische Textwissenschaft
(2019)

Fritz Peter Knapp
Vergleichende mediävistische Literaturwissenschaft
Ein Wegweiser zur kulturellen Einheit Europas vor 1000 Jahren
(2020)

Gerd Theissen
Religionskritik als Religionsdiskurs
Plädoyer für einen postsäkularen Dialog
(2020)

Anton Friedrich Koch
Philosophie und Religion
(2020)